Delinquência
— percursos criminais —

Conselho Editorial
André Luís Callegari
Carlos Alberto Molinaro
Daniel Francisco Mitidiero
Darci Guimarães Ribeiro
Draiton Gonzaga de Souza
Elaine Harzheim Macedo
Eugênio Facchini Neto
Giovani Agostini Saavedra
Ingo Wolfgang Sarlet
Jose Luis Bolzan de Morais
José Maria Rosa Tesheiner
Leandro Paulsen
Lenio Luiz Streck
Paulo Antônio Caliendo Velloso da Silveira

N972d Nunes, Laura M.
Delinquência: percursos criminais: desenvolvimento, controle, espaço físico e desorganização social / Laura M. Nunes, Jorge Trindade. – Porto Alegre: Livraria do Advogado Editora, 2015.
132 p.; 21 cm – (Coleção Direito e Psicologia).
Inclui bibliografia.
ISBN 978-85-7348-941-5

1. Direito penal - Aspectos psicológicos. 2. Delinquência. 3. Psicologia criminal. 4. Controle social. 5. Desorganização social. I. Trindade, Jorge. II. Título. III. Série.

CDU 343.9
CDD 345.05

Índice para catálogo sistemático:
1. Direito penal: Aspectos psicológicos   343.9

(Bibliotecária responsável: Sabrina Leal Araujo – CRB 10/1507)

COLEÇÃO DIREITO E PSICOLOGIA

Laura M. Nunes
Jorge Trindade

Delinquência
— percursos criminais —

DESENVOLVIMENTO, CONTROLE,
ESPAÇO FÍSICO E DESORGANIZAÇÃO SOCIAL

Porto Alegre, 2015

©
Laura M. Nunes
Jorge Trindade
2015

Edição finalizada em setembro/2014

Capa, projeto gráfico e diagramação
Livraria do Advogado Editora

Revisão
Rosane Marques Borba

Gravura da capa
Montagem gráfica com a Fita de Moebius

Direitos desta edição reservados por
Livraria do Advogado Editora Ltda.
Rua Riachuelo, 1300
90010-273 Porto Alegre RS
Fone/fax: 0800-51-7522
editora@livrariadoadvogado.com.br
www.doadvogado.com.br

Impresso no Brasil / Printed in Brazil

A todos os que foram, são e serão meus alunos, pois são eles que me inspiram no sentido de escrever tudo o que vou aprendendo.

Laura M. Nunes

Para Maria Valentina e Catarina, quando crescerem.

À estimada Profa. Hilda Marchiori, da Universidade Nacional de Córdoba, pelo exemplo e pelo quanto me tem ensinado na área da Psicologia Criminal e da Vitimologia.

Ao Prof. Hugo Lupiañez, Decano da Faculdade de Psicologia da Universidade de Aconcágua, cuja amizade faz superar a distância e se escreve no tempo com a tinta dos afetos.

Jorge Trindade

Nota dos autores

A obra que aqui se apresenta emerge na sequência da anterior experiência de escrita conjunta dos autores. Essa gratificante experiência de um trabalho conjunto e de cruzamento entre as ideias de um e de outro autor resultou na publicação do livro *Criminologia: Trajetórias Transgressivas*. Assim, e mais uma vez, se apostou na inclusão de mais um livro para a coleção Direito e Psicologia, já consolidada por importantes títulos como, por exemplo, *Pedofilia: Aspectos Psicológicos e Penais* (3ª ed.), de Jorge Trindade, em parceria com Ricardo Breier; *Psicopatia: a Máscara de Justiça*, Jorge Trindade em coautoria com Andrea Beregaray e Mônica Cuneo; *Psicologia Judiciária para a Carreira da Magistratura* (2ª ed), Jorge Trindade com Fernanda Molinari e Elise Trindade, e *Medo: Fronteira entre o Sobreviver e o Viver*, de Italo Abrantes Sampaio.

Neste livro, à semelhança do que se verificou no anterior, parte-se do pressuposto de um paradigma de encruzilhada de saberes e de complementaridade entre diferentes domínios das Ciências Sociais. Por isso, optou-se por cruzar o Direito com a Psicologia, numa verdadeira sinfonia orquestrada através da interseção entre os pensamentos de um e de outro autor. A ideia já havia nascido há algum tempo, tendo chegado o momento de desenvolvê-la num registro de interdisciplinaridade e de cooperação entre instituições universitárias.

Assim, esta obra junta-se a outras já publicadas por ambos os autores. Especificamente, Laura Nunes, docente na Universidade Fernando Pessoa, com os livros *Crime e Comportamentos Criminosos; Droga-Crime: (Des)Construções; Crime e Vitimação. Polícia e Análise de Comunidades Urbanas,* em coautoria com Ana Sani; *Criminologia: Trajetórias Transgressivas* em coautoria com Jorge Trindade; entre outros.

No caso de Jorge Trindade, o autor também acrescenta esta obra a outras, como o *Manual de Psicologia Jurídica para Operadores do Direito* (7ª edição).

Nosso propósito continua o mesmo: integrar conhecimentos, uma vez que a ciência moderna se faz mais por conexões do que por isolamentos.

Porto Alegre (Brasil) e Porto (Portugal), julho de 2014.

Laura Nunes e Jorge Trindade

Prefácio

Laura M. Nunes y Jorge Trindade nos presentan, en un excelente trabajo que merece el mayor elogio de la comunidad científico-jurídica de habla española y portuguesa, su versión explicativa del desenvolvimiento dinamo-genético que va desde la infancia a la adolescencia y desde la conducta social a la delictiva.

Los notables autores hunden o sumergen su investigación en la vida de la especie para efectuar luminosas observaciones acerca de la manera en que la ontogénesis humana desenrrolla o desenvuelve el ovillo de la filogénesis posibilitando la activación de conductas instrumentales y de meta -sociales o delictivas- aprendidas en la interacción bio–axio-lógica; ello, siguiendo las leyes del aprendizaje y del comportamiento que ya fueran desveladas por las investigaciones bio-n euro-fisio-psico-sociales desde la observación de los griegos hasta las actuales experiencias neuro-químicas y, mas molarmente, por las del aprendizaje (sea siguiendo a las teorías conductistas, neo-conductistas, cognitivas biosociales u *holísticas*, conforme nosotros le hemos denominado a causa de la articulación de los múltiples niveles en que el fenómeno se presenta a la observación).

En efecto, la referida dinamogénesis madurativa social, disocial o antisocial – de individuos, grupos y sociedades –, acaecida en procesos de integración o desintegración comunitaria, es explicada sobresalientemente, por Nunes y Trindade, con atención a las teorías culturales y subculturales, así como a las de la anomia.

Lo expuesto precedentemente se expuso en cuatro valiosos Capítulos, en la obra bajo comentario:
    I. del "Desenvolvimiento de la delincuencia";

II. de los "Comportamientos delictivos y del Control Social" de los mismos;

III. De la "Delincuencia, Control y Espacio físico" – incluyendo los estudios e hipótesis ecológicas de la Escuela de Chicago, los de Park, B, McKay, sin olvidar a Thomas, William; McKenzie; Weber, Max y otros célebres investigadores, a quienes precedieron originariamente el físico y estadista belga Adolfo Quetelet (1796-1884) y Napoleón Colajanni, el cual diera origen a la nominación de *"Sociología Criminal"* ese mismo año (1884); ello, aún antes que Ferri presentara la Tercera Edición de *"Los nuevos Horizontes del derecho y del procedimiento penal"* con la nominación de *"Sociología Criminal"* (1891);

IV. La "Delincuencia y la Desorganización Social", en la cual Nunes y Trindade desenvuelven prolija y lucidamente las hipótesis de la anomia, de Merton y Emilio Durkein, así como los estudios subculturales de Cohen y Miller, coincidentes en gran parte con los de Richard Cloward, Lloyd Ohlin y muchos otros sociólogos de merecido elogio.

Es esta una magnífica obra, no puede pretenderse una particular atención a las múltiples e innumerables teorías que se van sucediendo en el tiempo; p.ej., el indivitrialismo de Miguel Reale, Herrera Figueroa y otros, las cuales explican y son aplicables a los grupos subculturales criminógenos.

Nosotros mismo hemos desarrollado la *Reflexología criminal*, las teorías del *Condicionamiento Institucional Crítico* y de la *Holística criminal*, entre otras, sin poder pretender que, salvo en otro marco de desenvolvimiento teórico, hubieran debido ser tratadas.

En síntesis, una *excepcional* obra que es producto del esfuerzo que por décadas dedicaron los autores al estudio de dinamogénesis criminal.

Buenos Aires, agosto de 2014.

Osvaldo N. Tieghi

Sumário

Introdução..15
Capítulo I – Desenvolvimento e delinquência............................19
1.1. Perspectivas de desenvolvimento da delinquência..................19
    1.1.1. A construção da delinquência – Sampson & Laub..........20
    1.1.2. Desenvolvimento, continuidade e mudança na delinquência – Loeber..22
    1.1.3. Taxonomia desenvolvimental do comportamento antissocial – Moffitt..25
    1.1.4. Desenvolvimento de problemas de comportamento na infância e na adolescência – Lahey & Waldman.............30
    1.1.5. Modelo desenvolvimental da delinquência de início precoce ou tardio – Patterson & Yoerger.....................35
1.2. A Escola – proposta de avaliação..39
Síntese do Capítulo I...42
Capítulo II – Comportamentos delinquentes e controle social........45
2.1. Controle social e perspectivas do crime...............................45
    2.1.1. Conformidade diferencial – Briar & Piliavin..................47
    2.1.2. Fatores de contenção – Nye......................................48
    2.1.3. Mecanismos de contenção – Reckless.........................50
    2.1.4. O laço social – Hirschi...53
2.2. Controle social e trabalho policial.......................................58
    2.2.1. Policiamento e atualidade..60
2.3. Diagnósticos Locais de Segurança (DLS): proposta de avaliação...64
Síntese do Capítulo II..66
Capítulo III – Delinquência, controle e espaço físico....................69
3.1. Espaço físico e distribuição do crime...................................69
    3.1.1. A vertente ecológica da criminologia – Park, Burgess & McKenzie..72
    3.1.2. Uma perspectiva da ecologia urbana – Shaw & McKay...75
    3.1.3. Uma perspectiva da ecologia do crime – Stark..............78

3.1.4. As oportunidades criminais – Davidson....................81
3.1.4. Dos espaços à prevenção – Taylor............................83
3.2. A prevenção do crime e o planejamento dos espaços – Jeffery..85
Síntese do Capítulo III..89
Capítulo IV – Delinquência e desorganização social.....................91
4.1. Desorganização social e criminalidade..............................91
   4.1.1. As comunidades anômicas – Merton............................96
   4.1.2. Desigualdade de oportunidades – Cloward & Ohlin........98
   4.1.3. As subculturas desviantes – Cohen............................100
   4.1.4. As subculturas de pobreza – Miller.............................105
4.2. Sobre as *gangs* (as gangues) e a sua tipologia.......................107
   4.2.1. Da organização em *gangs* (gangues) e do seu funcionamento..111
4.3. Da avaliação à intervenção comunitária..............................116
Síntese do Capítulo VIII..118
Conclusão...121
Referências..125

Índice das figuras

Figura 1.1. Influência mais ou menos marcada de preditores da delinquência na adolescência (Adaptado de Sampson & Laub, 1993)....................22

Figura 1.2. Sequência aproximada de desenvolvimento dos comportamentos problemáticos da infância à idade adulta (Loeber, 1990; adaptado de Loeber, 1996)........23

Figura 1.3. As trajetórias de problemas comportamentais e delinquência (adaptado de Loeber, 1996)....................24

Figura 1.4. As diversas fontes de influência sobre a gênese dos problemas comportamentais, segundo Lahey e Waldman..34

Figura 1.5. Competências educativas dos pais no âmbito do modelo de início precoce (adaptado de Patterson & Yoerger, 2002b).......................................37

Figura 1.6. Aspectos implicados no modelo de início tardio (adaptado de Patterson & Yoerger, 2002b).................38

Figura 1.7. Apresentação das diferentes abordagens ao desenvolvimento de condutas problemáticas..............43

Figura 2.1. Os mecanismos que afetam o comportamento, segundo Reckless (adaptado e ampliado de Nunes, 2010a)..52

Figura 2.2. Aspectos implicados no desenvolvimento do laço social da teoria de Hirschi (adaptado de Nunes, 2010b)........56

Figura 2.3. Aspectos implicados no controle social......................67

Figura 3.1. Modelo radial de desenvolvimento das grandes cidades (adaptado de García-Pablos, 1988)..........................74

Figura 3.2. Aspectos implicados na desigual distribuição da criminalidade urbana..90

Figura 4.1. Etapas da avaliação/intervenção comunitária (adaptado e ampliado de Nunes & Jolluskin, 2010).....117

Figura 4.2. A desorganização social, a emergência de subculturas desviantes e a necessidade de avaliar para intervir....119

Introdução

No âmbito do crime, podemos debruçar a nossa atenção sobre aquele que o pratica (sujeito/indivíduo) ou, pelo contrário, atender mais ao ambiente e aos fatores que, sendo externos ao indivíduo, o afetam no sentido dos comportamentos delinquentes e, porque não afirmá-lo, no sentido da construção de uma vida pautada pelo crime. Ainda no contexto do crime, devemos atender à vítima e à sua vulnerabilidade, como tão bem salientam autores como Marchiori (2008). Em verdade, os sujeitos que manifestam condutas criminosas em regra passaram por um processo que os conduziu a esse padrão comportamental. Evidentemente, isso não significa que esse percurso existencial não seja resultado das escolhas do indivíduo, embora, sem sombra de dúvidas, uma multiplicidade de elementos tenha convergido para configurar suas escolhas, afetando a história de vida (trajetória) na qual o sujeito foi constituído. Pode-se desde já verificar que, na análise do fenômeno do crime, as interpretações são diversas, e as abordagens não menos abundantes, pelo que importa esclarecer o que será apresentado e, também, o que não se apresentará.

Nossa abordagem, por óbvio, não levará em linha de consideração a chamada "delinquência verde" (Lynch & Streteskt, 2001), que trata dos delitos e infrações contra o meio ambiente, porque esses comportamentos geralmente são praticados por corporações, e não por sujeitos individuais, embora estes possam ser autores de condutas reprováveis contra a natureza e de maus-tratos com animais. Por idênticas razões, não considerará a "delinquência contra a modernidade" (Lyotard, 1998 [1979]; Henry & Milovanovic, 1996), embora jovens também possam atacar o pluralismo e a diversidade, porque os indivíduos são ativos e passivos, produzindo o mundo em que vivem, e, assim, podem causar dano, dor e desviação em qualquer contexto. De igual modo, no que diz respeito à delinquência da elaboração e da distorção de notícias de que trata Barak (1988), na qual se pode incluir a produção de delinquência, especialmente juvenil, pela imagem do criminoso "bem--sucedido" que impacta o desenvolvimento do adolescente em busca de identificação, pois a antissocialidade é divulgada como um valor, um galardão, um distintivo do poder, como nomeadamente acontece no mundo do tráfico de drogas.

A propósito do que aqui será explorado a respeito da delinquência, não será demais lembrar que, de acordo com Tieghi (2011), a delinquência vem atingindo níveis "socialmente intoleráveis", sendo que nenhuma medida de segurança, jurídico-penal ou de outra natureza será, por si só, suficiente para superar o problema.

Por isso, é pertinente atender às abordagens teóricas que procuram explicar a forma como se processou o desenvolvimento daqueles que acabam por enveredar por trajetos transgressivos. É precisamente sobre algumas das conceitualizações a esse respeito que se dedica o primeiro capítulo deste livro, através de uma procura de possíveis explicações e de elementos que, subjacente e tacitamente, poderão ter impactado na instalação e no desenvolvimento de comportamentos criminosos. Por outro lado, também se atende à possibilidade de verificar uma continuidade dessas condutas que, efetivamente, podem implicar uma repetição em toda a trajetória de vida do indivíduo ou, em outros casos, pelo contrário, significar a sua interrupção.

Em síntese, a questão é investigar o que poderá estar subjacente a este tipo de comportamentos. Algumas vezes, serão situações previsíveis; outras vezes, condições impossíveis de antecipar. Se o desenvolvimento das pessoas, da infância à idade adulta, se apresenta como um fator de inquestionável importância, a forma como as sociedades desenvolvem mecanismos de controle social também se revela particularmente importante. Na sequência desta constatação, o segundo capítulo deste livro dedica-se essencialmente a algumas das teorias a respeito do controle social e, como não poderia deixar de ser, também são explorados os aspectos associados às instâncias de controle social formal, designadamente, o funcionamento dos corpos de polícia e o trabalho por eles desenvolvido.

Ora, tanto ao nível do desenvolvimento individual, quanto em termos do funcionamento do controle social formal, há algo que não pode ser esquecido: trata-se da maneira como as nossas cidades se estruturam, como os espaços se distribuem e se apresentam, e como as características espaciais, arquitetônicas e paisagísticas podem afetar as dinâmicas relacionais das pessoas e, logicamente, os seus comportamentos. O impacto dos aspectos acabados de referir é outro ponto explorado através da exposição de algumas considerações e perspectivas a respeito da distribuição espacial e da forma como os espaços físicos se apresentam. Este terceiro capítulo é seguido de um outro que se debruça sobre a maior ou menor organização social e sobre a influência desse estado de organização/estruturação no possível desenvolvimento de crime. Afinal, é fundamental atender aos espaços e, também, às dinâmicas de organização social que se instalam nesses locais.

Como se desenvolvem os indivíduos, quais as características do meio (ambiente) em que ocorre esse desenvolvimento e que elementos afetam esse processo a ponto de contribuírem para um padrão comportamental criminoso são questões que necessitam serem compreendidas. Evidentemente, não se encontram aqui respostas ancoradas na busca de uma explicação positivista do fenômeno criminoso. Entretanto, algumas pistas podem ser encontradas no sentido de auxiliar a refletir a respeito do delito, do crime e da sua muilfacetada forma de manifestação.

Capítulo I – Desenvolvimento e delinquência

A delinquência tem suas raízes na infância.

1.1. Perspectivas de desenvolvimento da delinquência

A delinquência raramente se instala de forma abrupta, obedecendo antes a um esquema processual de desenvolvimento, pelo que se torna importante abordar pontos de vista que considerem o início, a continuidade e a interrupção da carreira delinquente (Siegel & Welsh, 2009).

É consensual que a emergência de problemas comportamentais durante a infância deve ser analisada atendendo ao fato de o seu desenvolvimento se verificar através de uma sequência ordenada ao longo do tempo. É também sobejamente conhecida a tendência para a continuidade desses comportamentos disfuncionais, embora sejam menos conhecidos os fatores que, eventualmente, possam catalisar a evolução no sentido do agravamento desses comportamentos (Loeber, 1996). Baseados nos estudos que desenvolveram ao longo de vários anos, Sheldon e Glueck apresentaram uma abordagem inovadora a respeito do ciclo de desenvolvimento da carreira delinquente, alegando que o processo de socialização e o temperamento seriam alguns dos aspectos que distinguiriam os jovens delinquentes dos não delinquentes (Burfeind & Bartusch, 2011).

O estudo longitudinal iniciou-se em 1940 e foi pensado para trazer luz às diferenças e às semelhanças encontradas na comparação entre um grupo de 500 jovens delinquentes persistentes e outro de 500 jovens não delinquentes. Ao longo da investigação, foram analisados aspectos muito diversos, tais como a idade, a inteligência, as características da família e a história familiar, as dinâmicas de personalidade, a história e o estado atual de saúde. Genérica e sumariamente, os resultados publicados apontaram para diferenças nos jovens delinquentes – em relação ao grupo dos não delinquentes – que se traduziam numa constituição física mais sólida e musculada; num temperamento enérgico, impulsivo, extrovertido, agressivo e destrutivo, frequentemente sádico; numa atitude hostil, desafiante, rancorosa, desconfiada, inflexível, destemida, pouco convencional e de recusa de submissão à autoridade, num perfil de pensamento tendencialmente concreto e não simbólico, em que estes jovens se revelaram menos metódicos na abordagem aos problemas (Glueck & Glueck, 1964).

Os trabalhos de Glueck e Glueck, apesar de criticados por não terem dado origem a qualquer teoria, proporcionaram o acesso a uma série de resultados empíricos que vieram a influenciar muitas análises, conduzindo ao posterior desenvolvimento de uma vertente teórica interpretativa da delinquência (Burfeind & Bartusch, 2011).

1.1.1. A construção da delinquência – Sampson & Laub

Algumas das críticas tecidas a respeito dos trabalhos dos Glueck relacionavam-se com problemas metodológicos e com o tratamento estatístico aplicado aos dados (Born, 2005). Por isso, Sampson e Laub (1993) resolveram analisar novamente os dados dos Glueck, num trabalho que, baseado no modelo de Hirschi (1971) a respeito do processo de fragilização do laço social daqueles que se direcionaram para a delinquência, terminando por originar uma perspectiva integradora.

A conceitualização teórica que emergiu partiu da hipótese de que o contexto e a estrutura da família afetam o controle social informal e, portanto, permitem explicar muitas das variadas formas de manifestação de conduta delinquente. Assim, sob este ponto de vista, o controle exercido pela família apresenta-se com três dimensões, a *disciplina*, a *supervisão* e a *vinculação*, para além de que devem ser considerados os fatores sociais estruturais que também influenciam os processos de controle social informal. Então, concluíram os autores que a delinquência aumenta com o aumento das punições, num regime de disciplina mais dura e repressiva, diminuindo com os aumentos da supervisão e da vinculação. Por outro lado, a presença de condutas desviantes nos pais não parece exercer uma influência direta sobre a delinquência dos filhos, sendo antes atravessada pelo défice de supervisão exercida pelas figuras parentais (Sampson & Laub, 1993).

Saliente-se que os autores também concluíram que os elementos estruturais da família afetam o controle social informal, e este, por sua vez, evidencia um papel mais determinante sobre a delinquência. Apenas a dimensão da família parece ter uma associação direta com o desenvolvimento de conduta delituosa. Assim sendo, a delinquência seria essencialmente gerada pelo deficiente *parenting*, em que se identificam aspectos associados a défices, em termos de planejamento e investimento no futuro, pobre estabelecimento de vínculo entre pais e filhos, e não desenvolvimento de resistência à adversidade e à frustração, num estilo parental que não aposta no respeito pelas normas e pelas obrigações sociais. Esse estilo parental levará o jovem à rejeição da norma, optando pelo desvio (Sampson & Laub, 1993).

Acrescentem-se as características de temperamento, também consideradas pelos autores, que se debruçaram sobre a criança de temperamento difícil, destacando-se a irritabilidade e a hiperatividade, com recorrentes crises coléricas e com inclinação para a agressividade. No conjunto, os autores averiguaram variáveis familiares e individuais com impacto mais ou menos direto sobre a delinquência. Entre os aspectos familiares, encontram-se os seguintes: mobilidade residencial, dimensão da família, densidade do lar (podendo ser confortável, média ou superpovoada), deslocamento, trabalho da mãe, nível socioeconômico, origem (nacional ou estrangeira), criminalidade/alcoolismo do pai e/ou da mãe, disciplina do pai e/ou da mãe, supervisão da mãe, rejeição pelos pais e vinculação aos pais. Em termos individuais, os autores centraram-se sobre a emergência precoce de problemas, as características associadas a um comportamento difícil e a ocorrência frequente de manifestações de cólera (Sampson & Laub, 1993). O modelo integrado poderá ser visto no esquema da figura 1.1.

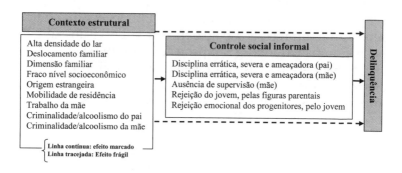

Figura 1.1. Influência mais ou menos marcada de preditores da delinquência na adolescência (Adaptado de Sampson & Laub, 1993).

1.1.2. Desenvolvimento, continuidade e mudança na delinquência – Loeber

Em 1985, Loeber e Schmaling realizaram uma análise sobre 28 estudos, seguindo-se outra investigação, desenvolvida em 1993 por Frick e colaboradores. Os resultados indicaram a existência de duas dimensões nos comportamentos problemáticos das crianças: a das condutas *encobertas/manifestas* e a das *destrutivas/não destrutivas*. Por outro lado, foram identificados diferentes problemas na passagem da infância para a idade adulta, especialmente a persistência dos problemas comportamentais e o impacto catalítico das condutas sobre a continuidade/descontinuidade desses problemas. Verificou-se ainda, através de um estudo de Loeber, que haveria uma ordem aproximada de desenvolvimento de problemas comportamentais ao longo do tempo e que, sendo uma aproximação, não se aplicaria a todos os casos (Loeber, 1996). Assim, essa evolução sequencial poderia ser apresentada na figura 1.2.

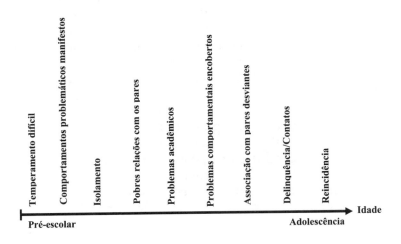

Figura 1.2. Sequência aproximada de desenvolvimento dos comportamentos problemáticos da infância à idade adulta (Loeber, 1990; adaptado de Loeber, 1996).

Diferentes estudos (Kohlberg, Ricks & Snarey, 1984; Richman, Stevenson & Graham, 1982) foram analisando alguns dos problemas comportamentais referidos e, progressivamente, foram sendo constatados aqueles que se revelavam mais ou menos persistentes e estáveis ao longo do tempo. A estabilidade dos comportamentos, mais ou menos consistente, difere em diversas condutas problemáticas e pode variar também em função da idade, podendo se verificar o agravamento de certos comportamentos e a decrescente manifestação de outros. No que se refere à hiperatividade, por exemplo, parece haver evidências de que a perturbação da conduta se revela mais grave quando é acompanhada por um quadro de défice de atenção e de impulsividade. Isso permite concluir que a hiperatividade pode contribuir para um início muito precoce de problemas do comportamento (Loeber, 1996).

Genericamente, pode-se falar de três trajetos identificados, em termos de evolução dos problemas comportamentais e da delinquência em indivíduos do sexo masculino (Loeber *et al.*, 1993): 1) *O manifesto*, numa escalada de condutas agressivas menos graves, como *bullying*, mas que vão evoluindo no sentido de outros comportamentos mais graves, como roubo ou violação; 2) *o encoberto*, com condutas iniciais encobertas e de menor gravidade, como a mentira recorrente e o furto em lojas, para a posterior exteriorização de ações de destruição de propriedade e de formas de roubo mais sérias; e 3) o trajeto *autoritário conflituoso*, que se inicia por um funcionamento em que vigoram a rigidez e a teimosia, seguidos de uma atitude desobediente e de desafio para, depois, se passar a verificar a ocorrência de condutas de evitamento da autoridade, com saídas noturnas até tarde e fugas de casa, não raras vezes com comportamentos de manifesta oposição. A figura 1.3. ilustra esquematicamente os três trajetos identificados.

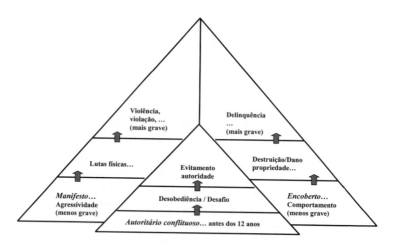

Figura 1.3. As trajetórias de problemas comportamentais e delinquência (adaptado de Loeber, 1996).

A evolução dos comportamentos problemáticos na infância nem sempre se enquadra em uma mesma categoria de problemas. Muito pelo contrário, frequentemente a criança acaba por ir adicionando novas modalidades de comportamentos disruptivos, e essa tendente agregação de condutas problemáticas nada tem de invulgar. Por outro lado, essa adição de novos comportamentos ao repertório da criança conduz a um grau de diversidade que, sendo elevado, tem um maior poder preditivo sobre a persistência desse padrão comportamental antissocial. Não obstante, resta explicar o porquê do risco de conduta antissocial em idade adulta não ter uma relação linear com o número de condutas disruptivas precoces. Parece haver um efeito de transição, quando ocorre a probabilidade de a criança vir a integrar uma nova categoria de condutas problemáticas, num regime cumulativo, como se tratasse de uma escalada (Loeber, 1996).

1.1.3. Taxonomia desenvolvimental do comportamento antissocial – Moffitt

A apresentação do modelo aqui proposto requer, desde logo, um esclarecimento a respeito da relação entre a idade e o comportamento antissocial. Por muito tempo, essa relação foi estabelecida a partir de dados oficiais, sustentada pelos registos de contatos com a polícia e pelo histórico registrado de condenações. Não obstante, esse critério revelou-se falacioso, na medida em que os registros oficiais apenas refletem uma parte dessa realidade, sendo que a conduta antissocial geralmente inicia antes dos primeiros contatos com a justiça, para a maioria dos indivíduos (Moffitt, 1993). Assim, deve-se levar em linha de consideração as ocorrências que nunca chegam a ser alvo de denúncia, e muito menos de registro policial e judicial. Assim, de acordo com alguns investigadores (Moffitt, 1993), o aparecimento de novas estratégias de averiguação da idade de início de comportamentos problemáticos, nomeadamente, com base no autorrelato, proporcionou uma visão mais precisa dessa realidade.

Desse modo, é factível afirmar a possibilidade de identificar dois grupos que diferem consideravelmente entre si, em termos de início da manifestação de comportamento antissocial: 1) um grupo mais alargado de indivíduos cujas condutas problemáticas são limitadas ao período da adolescência, e 2) um grupo, bem mais restrito de sujeitos cujos comportamentos antissociais graves se revelam também em idade adulta, evidenciando uma estabilidade de condutas problemáticas ao longo dos anos e desde a infância (Moffitt, 1993). Em outros termos, estamos a tratar dos infratores limitados à adolescência e dos infratores persistentes cuja conduta antissocial se estabelece como um estilo de vida (*adolescence limited delinquecy* versus *life-course-persistent delinquency*).

Então, a continuidade é o marco referencial do segundo grupo de indivíduos. Ao longo do seu percurso, estes sujeitos foram exibindo alterações nos seus comportamentos, como os atos de agressão aos 4 anos, vadiagem e furtos em lojas pelos 10, venda de drogas e roubo de veículos aos 16, assalto e violação/estupro em torno dos 22 anos de idade, comissão de fraudes e abusos aos 30, revelando um padrão que se mantém antissocial, embora varie em função das novas oportunidades sociais que surgem em diferentes momentos da vida, denotando capacidade de versatilidade criminal. Esta continuidade de comportamentos que, cumulativamente, se vão revelando cada vez mais graves ao longo da vida do sujeito, tem alguns elementos subjacentes que constituem, desde logo, preditores dessa agressividade permanente, severa e persistente. Por isso, vários investigadores têm procurado aspectos que possam estar presentes desde o período anterior ao próprio nascimento do sujeito, ou nos primeiros anos da sua vida, e que possam estar implicados em certas manifestações comportamentais (Moffitt, 1993).

Reforce-se ainda, atendendo à abordagem de Moffitt, que a delinquência limitada à adolescência sugere que, após um período de ajustamento na infância, aparecem comportamentos antissociais na pré-adolescência, mas que serão, em geral, abandonados no final da puberdade. Pode-se supor, agora, que esses adolescentes não foram expostos a fatores causais mais significativos, foram menos submetidos à adversidade estrutural, e possuem um tipo de vinculação pró-social adequada e com menores probabilidades e ofertas desviantes. Também se pode cogitar que possuem mecanismos de compensação suficientes para fazer frente aos fatores de risco eventualmente existentes, e postergar o seu envolvimento com a delinquência para a etapa da adolescência, aonde chegam relativamente equipados para promover os movimentos de retorno à vida de regulação. Entretanto, ao mudarem da etapa da infância para a fase da adolescência, e empreenderem o processo de autonomia e independência relativamente às figuras parentais, tornam-se vulneráveis para enfrentar as ansiedades próprias dessa fase. Por isso, a delinquência fica limitada à adolescência (*adolescence limited delinquency*), pois esses jovens são portadores de um repertório de competências individuais, grupais, afetivas e normativas capazes de redirecioná-los a um roteiro de vida compatível com as regras sociais e jurídicas vigentes.

Uma vez que os comportamentos antissociais ficam restritos à adolescência, nos casos em que não se reveste de gravidade, intensidade, significado regressivo maior e polimorfismo, eles não chegam a produzir efeitos negativos persistentes, e as sequelas não serão profundas. A capacidade de resiliência permitirá que, ao final da adolescência, eles reingressem à trajetória existencial adequada e escolham alternativas pró-sociais definitivas.

Na realidade, um comportamento delinquente persistente vai se desenvolvendo de modo progressivo e contínuo na medida em que a criança cresce. Ademais, a conduta criminal persistente produz efeitos cumulativos na história de vida, tanto em nível individual e familiar, quanto no nível social e relacional, obstando oportunidades de acesso a estilos mais positivos e reforçando a adoção de mecanismos de funcionamento desviantes. Ao contrário, a delinquência limitada à adolescência ilustra o fenômeno da mudança, pois, após um período de ajustamento na infância, os adolescentes ingressam numa rota de disfuncionalidade transitória e adjunta às experiências adolescentes.

Acresce ainda que existem fortes evidências de que certos défices neuropsicológicos possam estar subjacentemente associados a algumas situações de continuidade e de persistência de comportamentos antissociais manifestados desde a infância (Moffitt, 1990). Também é sabido que certos problemas, como o défice de atenção e a impulsividade, constituem elementos que partilham a sua variação com a exteriorização de conduta antissocial, em função de outros elementos como a raça, a classe social e o desempenho escolar (Lynam, Moffitt & Stouthamer-Loeber, 1993). É claro que o meio em que a criança se desenvolve constitui, também, um fator que estará, não raras vezes, subjacente ao desenvolvimento de comportamento antissocial contínuo e persistente. Acresce o fato de que muitas das crianças que apresentam problemas cognitivos e de temperamento, também implicados neste fenômeno, nem sempre se desenvolvem em contextos familiares estáveis e de suporte adequado (Moffitt, 1993).

Efetivamente, algumas características das figuras parentais podem ter um efeito perverso, além de que a sobreposição de determinados fatores de vulnerabilidade, a par de adversidades vividas num meio familiar também adverso, constituirão elementos que favorecerão a instalação de um comportamento de continuidade antissocial (Moffitt, 1993). Por outro lado, diversos estudos têm revelado que os próprios problemas dos adolescentes, por exemplo, podem afetar as estratégias de disciplina dos pais, bem como as subsequentes relações com adultos e pares (Bell & Chapman, 1986). Neste caso, pode-se falar de uma mútua influência, em que as condutas dos filhos afetam o estilo parental e este, por sua vez, influencia os comportamentos dos filhos.

Trata-se, portanto, de um fenômeno muito complexo, em que se encontram envolvidos diversos aspectos que, acrescente-se, estão em permanente interação. Também por isso, é fundamental salientar que as razões da persistência da conduta antissocial poderão resultar de uma série de fatores interativos, que passam pelos traços individuais, pelas características ambientais e pelo processo de desenvolvimento do indivíduo (Moffitt, 1993). Os elementos implicados são diversos, podendo também haver ligação a um quadro psicopatológico, como tem sido constatado por um conjunto considerável de investigações (Moffitt, 1990; Teplin, Abram, McClelland, Dulcan & Mericle, 2002). A tudo isto, junte-se a forma como a criança interage com o meio, podendo haver um ambiente promotor desses comportamentos, no seio do qual a criança cresce, primeiro em casa e posteriormente na escola, numa dinâmica que contribui para a continuidade das condutas problemáticas e disfuncionais.

No que se refere à manutenção dos comportamentos antissociais, pode-se dizer que, havendo uma interação *reativa*, o indivíduo responde ao meio segundo o seu próprio estilo. Contudo, no plano das interações *proativas*, o sujeito seleciona ou cria o ambiente que propicia suporte ao seu estilo. Como já referido anteriormente, o percurso mais frequente é aquele em que a delinquência se limita ao período da adolescência. Nestes casos, os comportamentos delinquentes não passam de um registo de *mimetismo social*, além de que estão em causa, também, os reforços decorrentes das ações delituosas, que podem incluir o dano causado à relação e à comunicação com os pais, as respostas provocadas em adultos detentores de autoridade, a forma de aparentar mais idade e até mesmo os atos que se revelam como um desafio à sorte (Moffitt, 1993). Evidentemente, muitos destes jovens, em princípio, não mantêm a manifestação de conduta antissocial até a idade adulta. Nesse sentido, nosso pensamento coincide com o paradoxo de Robins (1978), pois a maior parte das crianças antissociais não se torna adultos antissociais, embora a conduta problemática seja praticamente uma precondição para manifestações delinquentes posteriores. De fato, existem três fatores que se relacionam com a desistência: 1) a mudança de meio que proporciona novas trajetórias de vida, principalmente se o comportamento problemático ainda não estiver enraizado; 2) os fatores de compensação que protegem a criança/adolescente, oferecendo-lhe novas possibilidades; 3) o êxito de programas de prevenção e de atenção precoce às primeiras manifestações problemáticas.

Na verdade, se houve aprendizagem e motivação que levaram ao início da delinquência, então uma mudança das contingências poderá extinguir e descontinuar esses comportamentos. Também poderá ocorrer um abandono dessas condutas que, entretanto e devido a mudanças de vida como a saída do sistema de ensino, o emprego, o cumprimento do serviço militar ou o casamento, deixaram de ser apelativas. Deve-se ainda ter em atenção que a delinquência limitada ao período da adolescência não implica comportamento patológico, podendo ser adaptativo, flexível e até compreensível do ponto de vista atual, acontecendo num momento de transições de vida muito drásticas (Moffitt, 1993), correspondendo a comportamentos reativos, porém adapatativos, isto é, as experiências podem ser conducentes a uma nova compreensão das normas sociais e da necessidade de se adaptar a elas como instância dos adultos.

1.1.4. Desenvolvimento de problemas de comportamento na infância e na adolescência – Lahey & Waldman

Lahey e Waldman apresentam um modelo que se baseia na trajetória desenvolvimental dos comportamentos problemáticos. A propósito dessa trajetória, os autores reconhecem que a perspectiva de Moffitt, focalizada essencialmente nos motivos subjacentes à iniciação e/ou continuidade do comportamento antissocial, sendo pertinente, difere deste ponto de vista nos aspectos seguintes (Lahey & Waldman, 2004): 1) desde logo, porque estes autores consideram que o início do comportamento problemático deve se estender ao longo de um contínuo de idades, não se tratando de uma verdadeira taxonomia de desenvolvimento; 2) depois, porque os fatores implicados na emergência desses comportamentos são os mesmos em todas as idades, sendo a sua força e o seu padrão os elementos que variam ao longo de um contínuo de idades.

A propósito da gênese dos problemas de comportamento, os autores referem o seu possível *aparecimento precoce*, nomeadamente, no início da idade escolar e com possibilidade de aumentarem no decorrer da adolescência. Na população geral, essas condutas traduzem-se em agressões menos graves, em mentiras e em ações cruéis dirigidas a animais. Por oposição, alguns outros comportamentos, como fugas de casa, roubo, faltas injustificadas à escola e formas mais graves de agressividade, constituem ações que podem se acentuar ao longo da infância e da adolescência, sendo considerados de *aparecimento tardio*. Efetivamente, a ideia de idade de início dos problemas comportamentais apenas poderá fazer sentido se for olhada segundo a perspectiva do sujeito que está respondendo às questões relacionadas com a fase de iniciação nessas condutas (Lahey & Waldman, 2004).

Deve-se salientar ainda que, segundo diversos autores (Glick & Miller, 2008), a relação entre crime e idade é muito clara, na medida em que registros oficiais, estudos baseados no autorrelato e em questionários de vitimação, indicam que parece haver uma associação inversa entre o crime e a idade do seu executor. Dito de outra forma, à medida que uma dessas variáveis – crime ou idade – aumenta, a outra diminui. Assim, tudo aponta para uma variabilidade no crime que, certamente, também tem relação com a idade.

De acordo com certos autores (Gottfredson & Hirschi, 1990), determinadas variações encontradas nos problemas do comportamento podem ser explicadas através de diferenças individuais que contribuem para uma maior predisposição antissocial. Entre essas características, pode ser referida a reduzida inteligência ombreada pelos elevados atrevimentos, impulsividade e atividade/força física. Com base nesses pressupostos, o modelo de Lahey e Waldman (2005) refere o temperamento como o conjunto de características que emergem muito cedo e persistem ao longo da vida do indivíduo. Assim, podem ser apontadas três dimensões temperamentais que se apresentam consistentemente associadas a problemas do comportamento.

Cada uma das dimensões apresentadas no modelo, *emotividade negativa*, *atrevimento* e *pró-sociabilidade/conscienciosidade*, revela um aspecto que pode contribuir para a maior propensão da conduta antissocial. A primeira dimensão remete à tendência para experimentar, recorrentemente, emoções intensamente negativas (Lahey & Waldman, 2004), enquanto a segunda parece se relacionar com a busca de sensações fortes e de novas experiências (Farrington & West, 1993), e a terceira dimensão se traduz na maior ou menor predisposição para o desenvolvimento de simpatia relativamente aos demais (Lahey & Waldman, 2004), sendo a incapacidade de empatia um importante fator a ser considerado nesse contexto.

Com base nos possíveis perfis que podem ser desenhados a partir dessas três dimensões de temperamento, os autores afirmam que uma avaliação adequada do risco de emergência de comportamentos antissociais apenas será possível através da consideração simultânea desses três domínios. Assim, segundo Lahey e Waldman (2004), pode-se considerar que as crianças com elevados níveis de emotividade negativa e de atrevimento, que demonstrem baixa pró-sociabilidade, apresentarão uma maior probabilidade de vir a manifestar problemas comportamentais. Contrariamente, as crianças que revelem o perfil diametralmente oposto, com baixos níveis de emotividade negativa e de atrevimento, a par de uma elevada pró-sociabilidade, não apresentarão tendência para a exteriorização de problemas da conduta. De fato, esta ideia não é nova, verificando-se até uma certa convergência com interpretações centradas nas características de personalidade (Eysenck & Eysenck, 1970; Tremblay, Pihl, Vitaro & Dobkin, 1994).

Contudo, os autores do modelo apresentam alguns aspectos que, em torno das dimensões de temperamento, conferem uma riqueza indubitável à sua abordagem. Sob esta perspectiva, as dimensões temperamentais são avaliadas através de medidas que não se sobrepõem com a Psicopatologia, além de que contemplam défices cognitivos e verbais que, de um modo geral, são ignorados nos modelos de personalidade. Por outro lado, a predisposição para o comportamento antissocial é contextualizada em termos de desenvolvimento, verificando-se o cuidado de integrar a perspectiva do temperamento com o componente da aprendizagem social. Note-se que já Tieghi (1978) referia a ideia do comportamento criminal como resultante, também, de aprendizagens que vão se enraizando em certas condutas. Acrescente-se que as vertentes ambiental e genética não são esquecidas nas hipóteses que procuram a gênese dos problemas de comportamento (Lahey & Waldman, 2004), como logo explicitaremos.

Pelo que até aqui foi referido, os autores deste modelo não poderiam deixar de mencionar o conceito de *temperamento difícil*. De acordo com Thomas, Chess e Korn (1982), a consideração de um temperamento difícil transita pela prevalência de determinadas características pessoais, havendo também quem o considere como sendo função da percepção social. Para Lahey e Waldman (2004), os bebês considerados com um temperamento difícil tenderão, nessa perspectiva, a apresentar elevada emotividade negativa, alto atrevimento e baixa pró-sociabilidade ao longo da infância e da adolescência. Para além da influência inegável das três dimensões apresentadas neste modelo, os autores referem ainda outros fatores que terão impacto no possível desenvolvimento de problemas comportamentais.

Dentre eles, destacamos que a reduzida capacidade cognitiva e um desenvolvimento linguístico mais lento podem contribuir para o aumento das probabilidades de se vir a verificar a adoção de condutas problemáticas, muito embora seja necessário apurar se os défices cognitivos e linguísticos são independentes ou não das dimensões deste modelo. Outro aspecto fundamental consiste na influência genética sobre a conduta. Com efeito, os autores atribuem grande importância ao papel da aprendizagem social sobre os comportamentos, que apenas serão plenamente entendidos quando olhados à luz da interação entre as influências do meio e as do componente genético. A coocorrência de outros problemas, como a presença de hiperatividade com défice de atenção, de ansiedade, de depressão ou de consumo de substâncias psicoativas, também pode ter influência, favorecendo a tendência para a manifestação de comportamentos antissociais (Lahey & Waldman, 2004; 2005).

Assim sendo, entenda-se, o modelo que aqui se apresenta também considera a importância da relação entre as características individuais e as influências provenientes do meio. Desde logo, a dimensão designada por emotividade negativa apresenta relação com o meio. Quando essa dimensão se revela elevada em crianças pequenas, verifica-se uma forte tendência para que as mesmas fiquem muito perturbadas face à frustração e ao aborrecimento. Além disso, essas crianças reagem muito negativamente às restrições disciplinares, exibem falhas ao nível da aprendizagem sobre como lidar com respostas afetivas e emocionais, e tendem a comportar-se mais agressivamente, de um modo que parece ser reforçado pelo domínio que exercem sobre outras crianças e, não raras vezes, sobre os próprios adultos. Também a pró-sociabilidade interagirá com os fatores do meio, na medida em que a criança com baixos níveis daquela dimensão tenderá a reforçar a sua agressividade face ao choro de outra criança, podendo verificar-se que essa reação funciona como uma espécie de penalização relativamente ao outro, que apresenta elevada pró-sociabilidade (Lahey & Waldman, 2004).

Enfim, o modelo, que segundo os autores carece ainda de estudos para ser enriquecido, apresenta uma leitura integradora, que congrega diferentes fontes de influência que, em função das três dimensões de temperamento, podem contribuir para uma maior ou menor propensão para a manifestação de problemas comportamentais. De acordo com os autores, há necessidade de averiguar mais profundamente a respeito das interações entre esses diferentes fatores e as dimensões apresentadas. Procurar-se-á sintetizar esta perspectiva desenvolvimental que, simultaneamente, vai beber na vertente da aprendizagem social, não deixando escapar os elementos de natureza genética e as influências das características temperamentais, através do esquema seguinte:

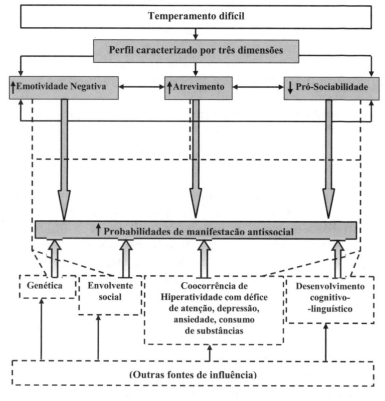

Figura 1.4. As diversas fontes de influência sobre a gênese dos problemas comportamentais, segundo Lahey e Waldman.

Assim, um temperamento que se revele difícil desde cedo poderá potenciar as probabilidades de vir a verificar a instalação de um perfil temperamental caracterizado por alta emotividade negativa, elevado atrevimento e baixa pró-sociabilidade. Esta conjugação das três dimensões do temperamento da criança, sendo também influenciada por uma série de outros fatores, como o genético, o ambiente social, a coocorrência de outros problemas e um comprometimento do desenvolvimento cognitivo e linguístico, pode aumentar muito a vulnerabilidade para a manifestação de problemas comportamentais.

Outras perspectivas apresentam leituras diferentes do desenvolvimento de conduta antissocial. Segundo Patterson e Yoerger (2002b), genericamente, podem ser apontados dois trajetos conducentes à prática delinquente: alguns autores (Patterson, Capaldi & Bank, 1991) têm optado por teorias em que referem o início precoce ou tardio desses comportamentos, enquanto outros (Moffitt, 1990) têm procedido à análise comparativa entre ofensores transitórios e persistentes, averiguando as respectivas trajetórias. Na verdade, verificam-se diferentes desenvolvimentos e distintas progressões na manifestação de comportamentos antissociais, com díspares avanços na delinquência de início precoce e de início tardio, pelo que se impõe a necessidade de análises mais profundas e integradoras (Patterson & Yoerger, 2002a). Importa sublinhar que se têm encontrado alguns preditores da delinquência tardia, mas também se pode alegar que tais fatores apresentam um fraco poder de previsão (Patterson & Yoerger, 2002b).

1.1.5. Modelo desenvolvimental da delinquência de início precoce ou tardio – Patterson & Yoerger

O modelo de início precoce descreve os fatores familiares que, reunindo uma determinada constelação de características, contribuem diretamente para o desenvolvimento de comportamento antissocial durante a infância. Efetivamente, trata-se de uma abordagem que refere a forma como a família, ainda que inadvertidamente, pode potenciar a conduta antissocial (Patterson, Capaldi & Bank, 1991).

Assim, pode-se referir um "treino" no sentido da conduta antissocial, treino esse que começa precisamente em casa, junto da família. Trata-se de um modelo que partiu da observação de famílias cujos elementos e interações conduzem à manifestação precoce de comportamentos coercivos, que apresentam uma funcionalidade naquele contexto, revelando-se como a única forma de resolver conflitos. Com esse treino, a criança acabará por aprender e desenvolver outras ações antissociais, progressivamente mais graves, ingressando em um trajeto delinquente. Os resultados dos estudos realizados levaram à conclusão de que o padrão de início precoce pode conduzir à cronicidade dos comportamentos antissociais, até que se desenvolva uma carreira delituosa em idade adulta (Patterson & Yoerger, 2002b).

Uma revisão realizada por Patterson, DeBaryshe e Ramsey (1989) apontou para a existência de dois padrões prevalentes no desenvolvimento de condutas delinquentes: o primeiro correspondente ao descrito pelo *modelo de início precoce*, em que as crianças, já muito cedo, por volta dos 4 a 9 anos de idade, começariam a manifestar conduta antissocial, apresentando défices em termos de competências sociais, com risco de se verificar a continuidade e a cronicidade desses comportamentos. Note-se que Patterson, Reid e Dishion, em 1992, referiram que se verificam mudanças comportamentais na criança, tal como nos seus pais, ao longo do tempo. Acrescente-se que se devem considerar ainda as mudanças decorrentes de aspectos externos à família, que necessitam ser também contempladas neste modelo de interação social. Não obstante, deve-se atentar para o fato de que as variáveis contextuais são mediadas pelas relações com as práticas educativas adotadas pelos pais da criança (Patterson & Yoerger, 2002b). Assim, são relevantes as competências educativas dos pais, em relação com as variáveis contextuais e no âmbito do modelo de início precoce, conforme se ilustra na figura que se segue:

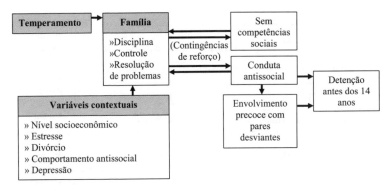

Figura 1.5. Competências educativas dos pais no âmbito do modelo de início precoce (adaptado de Patterson & Yoerger, 2002b).

Outro padrão identificado em 1992 por Patterson, Reid e Dishion foi o de *início tardio*. Quanto aos sujeitos que se enquadram neste modelo, verifica-se que se inserem em contextos de médio risco, até mesmo ao nível das dinâmicas educativas a que são expostos e, na sua infância, apresentaram competências sociais medianas e níveis médios de comportamento antissocial. Nestes casos, os pares desviantes desempenham um papel relevante no treino de condutas antissociais. Repare-se que, segundo Patterson (1993), no padrão de início precoce, a importância dos colegas antissociais se revela mais elevada na mudança do registro comportamental antissocial para o da transgressão juvenil. No entanto, o envolvimento com pares desviantes produz efeitos conducentes ao desenvolvimento de comportamentos antissociais encobertos e, por isso, não exteriorizados, em ambos os grupos, no de início precoce e no de início tardio. Podem apresentar-se as interações entre variáveis familiares e contextuais, bem como o possível desenvolvimento do registro comportamental dos adolescentes com início tardio, como se ilustra na figura da página seguinte:

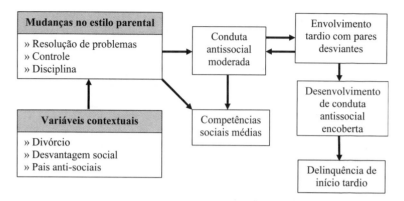

Figura 1.6. Aspectos implicados no modelo de início tardio (adaptado de Patterson & Yoerger, 2002b).

Assim, é possível depreender que foram identificados dois percursos distintos para o desenvolvimento de condutas juvenis transgressivas: o de *início precoce* e o de *início tardio*. As crianças[1] que se enquadram no primeiro padrão apresentam maior risco de seguir uma evolução comportamental negativa a longo prazo, podendo mesmo desenhar-se uma trajetória criminal na vida adulta. A existência de elevados níveis de comportamento antissocial na infância associa-se à ocorrência de transgressões juvenis, com risco de identificação por parte da polícia, desde muito cedo. As competências educativas dos pais revelam-se de particular importância, tendo grande peso quer no padrão de início precoce, quer no modelo de início tardio. Os adolescentes[2] que se enquadram no padrão de início tardio apresentam menos transgressões juvenis e manifestam-nas mais tarde, comparativamente com os de início precoce (Patterson & Yoerger, 2002b).

Ao longo do desenvolvimento, a família constitui-se como instância de socialização de primordial importância, mas, dado o impacto do grupo de pares, deve-se levar

---

[1] De acordo com o artigo 2º do Estatuto da Criança e Adolescente (ECA, Lei nº 8.069, de 13 de julho de 1990), criança é a pessoa até 12 anos de idade incompletos.

[2] Adolescente, de acordo com a mesma regra legal, é a pessoa entre 12 e 18 anos de idade.

também em consideração a influência exercida pela escola, enquanto meio igualmente influente no processo de socialização da criança/adolescente. Por isso, interessa analisar os problemas existentes no contexto escolar, não esquecendo a relevância de atender aos recursos eventualmente presentes nesse meio.

1.2. A Escola – proposta de avaliação

A escola, em suas diversas configurações, apresenta diferentes características, pelo que se impõe uma análise particular, atendendo às especificidades concretas de cada uma delas. Efetivamente, a elaboração de planos, quer de prevenção, quer de intervenção, exige uma prévia e cuidada avaliação, de modo a contextualizar as medidas a serem adequadamente tomadas.

O processo de socialização, tantas vezes aqui referido, passa por um movimento no sentido de dotar as sociedades de atores com capacidades para garantir a sua integração e, concomitantemente, com competências para produzir ações autonomamente (Dubet & Martuccelli, 1997). De modo evidente, a escola representa um importante papel nesse processo, mas, dadas as drásticas mudanças verificadas num sistema educativo que se quer de todos e para todos, a escola parece já não reunir todas as condições para, de maneira exclusiva, conciliar e implementar as antigas funções de educar, socializar e transmitir os valores fundamentais necessários à formação da criança/adolescente enquanto pessoa em desenvolvimento. Continuando a ser a instituição que transmite saberes e conhecimentos, a escola já não se apresenta com o "monopólio" das referências educacionais, pois detém amplamente a exigente tarefa de procurar preparar públicos muito diversificados, respondendo, muitas vezes de forma fragmentada, às necessidades e exigências de uma diversidade de crianças e de adolescentes (Setton, 2002). Trata-se de um desafio que se coloca à escola atual, o que reforça a necessidade de estar atento às dificuldades e aos problemas que vão surgindo, através de uma vigilância baseada em análises regulares e rigorosas dos critérios substanciais de educação e de compromisso com a socialização, integração de saberes e habilidades, competências teóricas e práticas indispensáveis para a vida em um mundo marcado pela complexidade.

É nesse sentido que se propõe a adoção de um instrumento, intitulado Diagnóstico do Meio Escolar/Questionário para Profissionais (Nunes, Caridade & Sani, 2013) que possibilita a avaliação de cada escola, convocando com efetividade e responsabilidade os diferentes agentes educativos conhecedores da realidade única e particular do estabelecimento em que atuam enquanto agentes de transformação social. O questionário compõe-se de questões fechadas, tanto de resposta dicotômica, quanto de opção por uma das alternativas de resposta, em alternância com questões abertas, através das quais se procura captar as percepções de cada avaliado, bem como a justificação de algumas das suas respostas.

O instrumento constitui-se de seis partes, em que a primeira se dedica à coleta de informação sociodemográfica para, na segunda parte, passar à busca de dados relativos à situação profissional do sujeito questionado/participante em um contexto escolar específico. Logo a seguir, lança-se na obtenção da informação caracterizadora do estabelecimento de ensino e, em uma quarta parte, indaga sobre os dados relativos ao ambiente escolar propriamente dito. Assim, procura averiguar o meio físico, a qualidade dos acessos, a existência de serviços nas proximidades da escola e a vizinhança de elementos perturbadores, como bares, salões de jogos, etc. Também não são esquecidas as condições da própria escola, questionando-se a respeito da organização/distribuição dos diferentes ambientes (bibliotecas, cantinas, espaços de recreio e salas de aulas), solicitando-se ao avaliado as referências e as medidas que, do seu ponto de vista, poderão contribuir para o aprimoramento das condições da escola.

A quinta parte do instrumento remete para as dinâmicas de funcionamento interno/externo da escola, designadamente, questionam-se os sujeitos em relação às atividades extracurriculares desenvolvidas com o intuito de mobilizar agentes educativos, alunos e respectivos pais em iniciativas como espaços de debate, eventos, momentos de convívio, de integração, etc. Nesta parte é também solicitado ao avaliado classificar, do seu ponto de vista, o envolvimento dos pais e/ou responsáveis na vida escolar, abrindo-se um leque de alternativas de respostas que varia entre "Muito Elevado" e "Muito Baixo". É solicitada ainda a classificação do envolvimento comunitário da escola, atendendo às mesmas alternativas de resposta, bem como a referência ao sistema disciplinar adotado, através de respostas variáveis entre "Muito Bom" e "Muito Mau". Para cada uma destas questões, é solicitada uma justificativa. Nesta quinta parte, são também requeridas sugestões de medidas que poderiam aperfeiçoar o funcionamento escolar.

A sexta e última parte do questionário centra-se nos comportamentos dos alunos, procurando que os avaliados classifiquem, de acordo com a sua percepção, e tentando averiguar a respeito de aspectos como absentismo escolar, manifestação de problemas comportamentais, prática de inadequação de comportamento e identificação das respectivas ações. Tenta-se, ainda, questionar se o participante percebeu ou não um agravamento dos comportamentos dos alunos ao longo dos 5 últimos anos, procurando identificar as razões para esse agravamento, no caso de resposta afirmativa. Por fim, questiona-se a respeito de medidas que, do ponto de vista do participante, poderão combater/prevenir os comportamentos menos adequados por parte dos alunos.

Assim, e através de diferentes momentos de avaliação, é possível identificar as principais dificuldades existentes naquela escola em particular, como reconhecer o modo global de funcionamento da mesma e as formas de aperfeiçoamento da instituição educacional. Acresce a vantagem de, através deste instrumento, se repetirem avaliações periódicas que, em momentos diferentes, possibilitarão uma análise comparativa capaz de averiguar a respeito de eventuais medidas a serem adotadas no sentido da qualificação do funcionamento do processo educativo-escolar. O questionário propicia ainda a comparação entre escolas, com identificação de elementos subjacentes, positivos ou negativos, tendo em vista a proposta do melhor funcionamento possível.

Com certeza, se a família se reveste de particular importância no desenvolvimento de crianças e adolescentes, a escola não se apresenta como menos significativa nesse processo. Por outro lado, a socialização consiste num processo dinâmico que é influenciado por uma série de elementos, de que fazem parte os diversos mecanismos de controle social, de igual modo também fortemente implicados no fenómeno da antissocialidade, da delinquência e do crime.

Síntese do Capítulo I

O capítulo primeiro procurou apresentar algumas das perspectivas que se centralizam no desenvolvimento do sujeito e de seu respetivo comportamento. Assim, apresentamos a abordagem integradora desenvolvida por Sampson e Laub (1993), a partir da análise de dados previamente recolhidos por outros investigadores (Glueck & Glueck), tendo em consideração a teoria de Hirschi, e seguindo-se o processo de desenvolvimento de condutas problemáticas da infância à idade adulta, apresentada por Loeber que também definiu os diferentes tipos de trajetória transgressiva. Tais conceitualizações do fenómeno, como evidenciado, pretendem integrar elementos comuns e que também estão presentes nas várias e multiformes fontes de influência sobre o comportamento, sistematicamente expostas por Lahey e Waldman.

Enfatizando os pontos de convergência de diferentes autores que se focalizam no (des)envolvimento de condutas problemáticas, procuramos sintetizar este capítulo através do esquema da figura seguinte, na qual se encontra também ilustrada a necessidade de proceder a avaliações rigorosas e periódicas na escola, enquanto instância de socialização de primordial importância ao desenvolvimento saudável da criança e do adolescente.

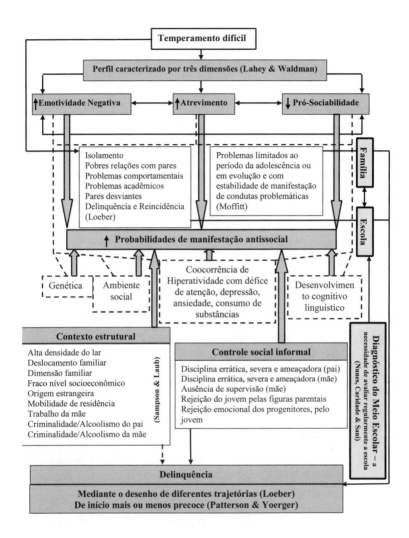

Figura 1.7. Apresentação das diferentes abordagens ao desenvolvimento de condutas problemáticas.

Capítulo II – Comportamentos delinquentes e controle social

> *É melhor prevenir os crimes do que puni-los.*
> Cesare Beccaria

2.1. Controle social e perspectivas do crime

Após a referência ao desenvolvimento de comportamento antissocial, com possibilidade de evolução no sentido do estabelecimento de um percurso delituoso, parece ter chegado o momento de apresentar algumas das abordagens baseadas no controle social, sendo de salientar a necessidade de definir claramente esse conceito. Na verdade, segundo Cohen (1985), a expressão "controle social" tem sido empregada de variadas formas, não obedecendo a uma clara definição. Assim, tanto se refere o controle social como aplicável a todos os processos sociais que induzem à conformidade, quanto se recorre à mesma expressão como forma de designar, unicamente, o aparato coercivo tantas vezes atribuído às políticas impostas pelo Estado nas mais diversas áreas, como a saúde ou a educação, podendo também ser atribuído às medidas repressivas contra divergências políticas.

A ideia de controle social emergiu essencialmente da Sociologia americana, e o interesse por esse conceito aumentou na década de 20 do século passado, principalmente nos estudos sobre desvio e criminalidade (Boudon & Bourricaud, 1989). Não obstante, é possível afirmar que foram as ideias de Durkheim, centradas na noção de anomia e com ênfase sobre as questões relacionadas com a manutenção da ordem social, que anteciparam o conceito de controle social (Alvarez, 2004). Assim, no contexto da Sociologia, o controle social consiste no conjunto de materiais e de recursos simbólicos a que uma determinada sociedade apela para garantir a conformidade comportamental dos seus membros, segundo uma constelação de regras e de princípios previamente definidos (Boudon & Bourricaud, 1989). Essa definição, sendo clara e sintética, revela-se também muito geral e pouco contributiva para o esclarecimento preciso do conceito e das suas relações e sobreposições com uma série de outros, como os de poder e de autoridade (Alvarez, 2004). Atualmente, o controle social enquadra diferentes formas, como a informal, a legal e a médica, e refere-se a todos os mecanismos e práticas que, em sociedade, compelem as pessoas e os grupos a agir em conformidade com um determinado código de condutas (Chriss, 2010).

Efetivamente, e de forma mais abrangente, pode-se considerar que o controle social contempla os processos e os métodos sociais através dos quais as sociedades garantem que os seus membros se comportam em conformidade com as expectativas, assumindo os papéis que deles são esperados. Trata-se de um conceito que integra os processos de socialização, incluindo a educação, a pressão dos pares e da opinião pública, bem como as operações desenvolvidas formalmente por agentes especializados como as polícias, as leis e todos os poderes de que é investido o Estado. Portanto, o conceito integra, também, as respostas organizadas dadas a condutas como o crime, a delinquência e as formas associadas de desvio e/ou os comportamentos socialmente problemáticos (Cohen, 1985).

Ora, as designadas teorias do controle social procuram explicar o crime em termos diferentes das restantes vertentes explicativas do fenômeno. Sob este ponto de vista, a questão que é colocada remete para a ideia de que todo o indivíduo apresenta o potencial necessário à violação das leis, sendo que, mesmo havendo oportunidade para o fazer, alguns sujeitos não o fazem. Para as perspectivas mais clássicas, a explicação reside essencialmente no medo da punição, enquanto elemento fundamental do controle social. Por oposição, nas abordagens sociológicas dos teóricos focalizados no controle social, esse elemento é apenas mais um dos fatores implicados no laço social estabelecido entre indivíduo e sociedade (García-Pablos, 1988).

2.1.1. Conformidade diferencial – Briar & Piliavin

Esta é, precisamente, uma conceitualização teórica que procura analisar a violação das normas instituídas sob a perspectiva do controle social. Os autores partem de premissas que se prendem com a possibilidade de certos estímulos poderem afetar, mais ou menos, os valores referenciais e até o comportamento dos indivíduos, ainda que isso possa ocorrer de forma passageira. Outra premissa de que partem os autores é a de que se verifica a existência de um grau variável de compromisso com os valores da sociedade normativa, sendo que a aceitação de tais valores é marcada pelo medo da punição e das consequências de certas ações, em termos de relações interpessoais e de estatuto social (Siegel, 2009).

Assim sendo, aqueles que tenham estabelecido um sólido compromisso relativamente a valores convencionais, apresentarão menos probabilidades de se envolverem em ações que violem as normas que regem a sociedade. Por outro lado, se determinada situação oferecer grandes probabilidades de êxito, haverá mais possibilidades do sujeito aderir a um comportamento transgressivo, mesmo que tenha um elevado grau de conformidade à norma (Garcia-Pablos, 1988). Então, pode se afirmar que a diferença entre a observância e a violação das regras instituídas passará por uma interação dinâmica entre o grau de conformidade do sujeito e a probabilidade, por ele percebida, de vir a ter sucesso numa ação transgressiva.

De fato, as pessoas procuram manter uma conduta que lhes proporcione a aprovação por parte daquelas que são significativas para si, além de que as relações que selecionam obedecem aos seus próprios interesses que, sendo de compromisso com os valores convencionais, irão interagir com aqueles que respeitam esses mesmos valores. Este é o processo de consolidação de vínculos sociais que, por seu turno, impõe a conformidade do sujeito às normas instituídas. Trata-se de um processo para o qual contribuem diversos fatores com origem em variadíssimas fontes de influência, como o grupo de pares, o vínculo com as figuras parentais, as ambições e os projetos ocupacionais, a preocupação com o desempenho escolar, o medo e muitos outros aspectos (García-Pablos, 1988).

Os autores desta teoria salientam o importante papel desempenhado pelos pais, nomeadamente, no que diz respeito à relação precocemente estabelecida entre aqueles e a criança. É no contexto dessa relação que devem ser promovidos e reforçados os comportamentos socialmente valorizados, e as figuras parentais deverão ser capazes de proporcionar modelos de conduta ajustados aos valores convencionalmente adotados e valorizados (Siegel, 2009). Desta forma, é estabelecido um compromisso de conformidade, que se apresenta variável em função do processo de desenvolvimento do sujeito e de todos os elementos que afetam essa relação. Entre os fatores que influenciam a forma como a criança vai se desenvolvendo no seio familiar, encontraremos aqueles cuja pressão poderá afetar o sujeito no sentido do comportamento pró ou antissocial. É precisamente sobre tais mecanismos que se centram as perspectivas de Reckless e de Nye, apresentadas a seguir.

2.1.2. Fatores de contenção – Nye

Nye, no ano de 1958, referiu que o controle social visa a impedir o indivíduo de aderir à desviância, assegurando a sua conformidade, apesar da existência de características internas que o possam impelir no sentido do desvio. Dito de outra forma, os mecanismos de controle social inibem ou impedem o sujeito de ceder às características psicológicas que o afetam no sentido do desvio. Esses mecanismos distinguem-se em quatro tipos (Gonçalves, 2008):
1) O *controle interno*, que se desenvolve por via do processo de socialização, mediante a progressiva conscien-

cialização de normas e de valores, que vão sendo interiorizados pelos sujeitos;
    2) O *controle indireto*, em que o afeto e o respeito da criança, relativamente aos pais, é um fator inibidor da prática de ações que os ofendam;
    3) O *controle direto*, exercido através de grupos específicos como a família, os amigos, os vizinhos, a polícia e outros, que detêm a função de implementar medidas de controle;
    4) A *satisfação legítima das necessidades do indivíduo*, que diz respeito ao acesso adequado a condições que possibilitem àquele satisfazer as suas necessidade de afeto, de reconhecimento e de segurança.

Nye considerou ainda os *fatores (ou forças) de contenção externos* como sendo de dois tipos: *formalmente associados ao comportamento*, ou *informalmente associados ao comportamento*. Os fatores formais externos de contenção são exercidos por instituições, como a polícia e outras, enquanto os fatores informais externos de contenção incluem o reprovável, o ridículo, o punível e as técnicas usadas geralmente por grupos informais de controle ou pela sociedade como um todo. Esses fatores externos não são os castigos ou os reforços recebidos por uma conduta, mas um mecanismo de especificação clara das regras, das leis e das normas, bem como do grau de consistência das sanções impostas e decorrentes da não observância desses sistemas reguladores de condutas (Catalano & Hawkins, 1996).

Trata-se, portanto, de uma abordagem muito centrada no papel da socialização e da família, enquanto agente com influência privilegiada sobre aquele processo. A família tem especial destaque, uma vez que constitui o cerne das aprendizagens da criança, especialmente no que diz respeito ao controle social. Cuida-se, assim, de uma teoria muito atual, já que a família se mantém como foco central na procura de explicações para a delinquência (Gonçalves, 2008). Aliás, várias são as interpretações sobre o comportamento antissocial que se focalizam nos processos de socialização, como é o caso de Karli que, em 1987, não hesitou em afirmar que o processo de socialização praticado pelo meio familiar condiciona o estabelecimento gradual de laços sociais e desempenha um papel determinante na inibição de condutas agressivas. É precisamente sobre esses e outros fatores que se debruça, de forma mais pormenorizada, o ponto seguinte dedicado à perspectiva de Reckless.

2.1.3. Mecanismos de contenção – Reckless

A teoria proposta por Reckless, em meados do século passado, coloca a tônica em ambos os tipos de fatores: os que constrangem no sentido da manifestação antissocial e os que constrangem, ou compelem, no sentido oposto. Cada um desses grupos de elementos pode ter proveniência interna ou externa ao indivíduo. Desta forma, o autor rompeu com a tendência das perspectivas tradicionais de controle social, apresentando e identificando elementos preditores, que conduzem a uma aproximação ou a um afastamento do sujeito, relativamente à conduta antissocial (Tibbetts & Hemmens, 2010).

Assim, a teoria defende uma permanente dinâmica entre diferentes forças, como as que *impelem* para o delito e as que *constrangem* o sujeito relativamente à adoção desses comportamentos. Então, e de acordo com esta perspectiva, verifica-se uma ação conjugada de fatores de influência, internos e externos ao indivíduo, em que as forças de origem social interagem com as intrínsecas ao sujeito, afetando as suas condutas. Segundo o autor da teoria, esta seria a forma de abordar o crime de maneira integrada (García-Pablos, 1988). Dito de outra maneira, devem ser consideradas as manifestações comportamentais do sujeito, como sendo afetadas pela ação conjugada de constrangimentos internos e externos (Tibbetts & Hemmens, 2010).

Dos constrangimentos internos constariam os *mecanismos de pressão criminógena*, de que fariam parte os impulsos, as frustrações sofridas, os sentimentos negativos como os de inferioridade e de hostilidade, numa tendência favorecedora da violação das normas instituídas. Por outro lado, a ação desses mecanismos seria acompanhada da influência de outros, de origem externa e igualmente potenciadores do desvio, que integrariam fatores como a pobreza e o desfavorecimento de estatuto social, o conflito, as restrições em termos de acesso ao êxito pessoal, a proximidade de uma subcultura desviante e a influência exercida pelo grupo de pares (García-Pablos, 1988). A estes fatores, poderiam ser adicionados outros que, sendo também externos, seriam favorecedores da conduta antissocial, revelando um processo de socialização negativo. Dessa forma, depreende-se a ação conjunta de todos os mecanismos, internos e externos, potenciaria a emergência de um estilo comportamental tendencialmente delituoso (Elliott, Ageton e Canter, 2002).

No que se refere à não adesão a esse tipo de comportamentos, estaria presente a ação de *forças ou mecanismos de contenção*, também internas e externas ao sujeito, e que atuariam conjuntamente, afetando as suas manifestações comportamentais. Em nível de mecanismos internos de contenção, enfatiza-se a presença de um sólido autocontrole, de um autoconceito positivo e de um *Ego* bem desenvolvido, a que se acrescenta um elevado sentido de responsabilidade, bem como uma desenvolvida capacidade de tolerância e de resistência face a situações frustrantes. Já em relação às forças de contenção externas ao sujeito, a teoria aponta os mecanismos sociais conducentes ao desenvolvimento moral, o reforço institucional das normas, a que se agregariam objetivos e expectativas positivas, não esquecendo os mecanismos de controle social e a experiência de um número adequado de atividades gratificantes (Elliott, Ageton e Canter, 2002). Assim, a conjugação dos mecanismos identificados nesta teoria pode ser traduzida no esquema que se segue na página seguinte:

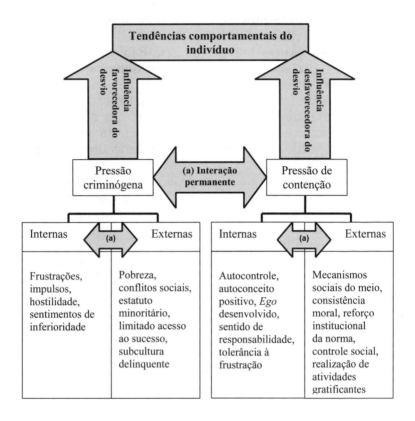

Figura 2.1. Os mecanismos que afetam o comportamento, segundo Reckless (adaptado e ampliado de Nunes, 2010a).

Esta perspectiva, muito embora se revele muito interessante, apresenta limitações relacionadas com a indefinição do peso relativo de influência a atribuir às forças, internas e externas (Gonçalves, 2008). Por outro lado, é feita referência a aspectos que remetem para a família do sujeito, sem que se valorize suficientemente o papel desempenhado por essa instância de socialização. Nesse contexto, mais uma vez, a família é detentora de um papel deveras importante no desenvolvimento do indivíduo e nos comportamentos que ele adotará. Por isso, torna-se imperativa a apresentação da teoria de Hirschi que, além de enfatizar a importância da família, descreve com precisão o desenvolvimento e a consolidação dos laços estabelecidos entre indivíduo e sociedade.

2.1.4. O laço social – Hirschi

Segundo a interpretação de Hirschi, todo o indivíduo é potencialmente delinquente. Assim, as pessoas somente não enveredam pelo delito quando têm uma forte ligação estabelecida com a sociedade normativa. Então, os indivíduos pró e antissociais não diferem significativamente nas suas características intrínsecas, mas em termos da maior ou menor consolidação dos laços estabelecidos com a sociedade normativa (Catalano & Hawkins, 1996).

Esta conceitualização teórica sobre as causas da delinquência emergiu como uma interpretação crítica, e como uma alternativa, perante duas grandes perspectivas sociológicas. No que se refere a uma dessas perspectivas, a das subculturas desviantes, Hirschi alegou que o desvio apenas se constitui num problema se existir uma continuidade cultural entre o delinquente e a sociedade normativa. No entanto, reforçou que a questão central do fenómeno da delinquência não se prende à adesão do indivíduo a uma subcultura desviante, mas com a procura de uma explicação para a violação de normas nas quais esse mesmo indivíduo acreditava. Já em relação às perspectivas da anomia, Hirschi criticou o aparente esquecimento da ubiquidade do crime, alegando que a capacidade explicativa daquelas conceitualizações se esgotava no delito cometido por indivíduos socialmente desfavorecidos, deixando por explicar outras facetas do fenómeno (Dias & Andrade, 1997).

O desvio é interpretado por Hirschi como a outra face da norma e, saliente-se, o comportamento delituoso decorre da influência de uma série de fatores que estão ligados ao processo de formação e de consolidação de laços entre o sujeito e a sociedade convencional, com destaque para o papel central da família (Fonseca & Simões, 2002; Moyer, 2001). Assim, e ainda segundo o autor, todos os elementos que afetam, direta ou indiretamente, a ligação do indivíduo à sociedade normativa, tem uma grande importância nos seus futuros comportamentos. A título de exemplo,

Hirschi e Stark (1969) referiram que a prática da religião poderia constituir um meio de promover o desenvolvimento de valores morais com aceitação da autoridade convencional revelando-se, assim, um meio de consolidação dos laços sociais.

O estabelecimento e o fortalecimento do laço social entre o indivíduo e a sociedade processa-se, então, através de quatro mecanismos (Hirschi, 1971):

1) O *Apego (Attachment)*, enquanto mecanismo referente ao estabelecimento de um vínculo afetivo entre a criança ou o jovem e aqueles que o rodeiam e que lhe são próximos. Desta forma, poderia se afirmar que a solidez desse vínculo se refletiria no desenvolvimento emocional do indivíduo e, consequentemente, estaria relacionado com o maior ou o menor desenvolvimento da capacidade empática do mesmo. Sob este ponto de vista, a criança com fortes laços emocionais relativamente à família e ao respectivo sistema de valores, tenderia menos a desenvolver ações que comprometessem essas relações. O nível de vínculo com os professores e com a escola também poderia representar um papel determinante, na medida em que se trata de uma ligação a uma instância que detém um importante papel na aquisição e na internalização das normas instituídas;

2) Outro dos mecanismos que integra o estabelecimento do laço social é o *Compromisso (Commitment)*. Trata-se de um elemento que remete para variáveis como a motivação, a ambição, a realização e o sucesso, e que está associado ao investimento do indivíduo relativamente à persecução de metas convencionais. Nesta lógica, o sujeito que investisse em objetivos social e culturalmente valorizados, acabaria por refletir e ponderar sobre a possibilidade de arriscar todo esse investimento através da manifestação de comportamentos desviantes;

3) O *Envolvimento (Involvement)* acaba por estar relacionado com o mecanismo anterior, prendendo-se com o investimento por parte do jovem, tanto em tempo, quanto em energia, nas atividades convencionais e valorizadas pela sociedade normativa. Evidentemente, quanto maior fosse esse investimento, menores seriam as probabilidades

de o sujeito colocá-lo em causa por via da violação das regras estabelecidas.

4) Por fim, o mecanismo referente a *Crenças* (*Belief*) apresenta uma associação com a interiorização e com a consolidação de valores convencionais, apresentando-se em diversos graus nos diferentes jovens. De acordo com esta ideia, o sujeito que apresentasse mais consolidadas as crenças e os valores normativos, mais dificilmente se envolveria em ações desviantes, podendo-se encontrar aí um significativo elemento de proteção para a antissocialidade.

Então, através de um processo desenvolvimental em que não se verifique a consolidação do laço social, mediante a progressiva fragilização dos aspectos anteriormente referidos, o indivíduo tenderá a enveredar pelo desvio mais facilmente, num percurso em que estarão presentes a perda gradual de controle, a ausência de afetos sedimentados e satisfatórios e o deficitário sentido de deveres/obrigações. Nesse processo de fragilização do laço social verifica-se, ainda segundo esta teoria, não só a aversão ou o evitamento do sujeito em relação a atividades convencionais, como também a presença de crenças e a observância de normas que, não se integrando socialmente, parecem até legitimadoras das práticas antissociais. Nestes casos, os elementos do laço social não se consolidaram a ponto de prevalecerem sobre os seus contrários, e o indivíduo terá aderido a um estilo comportamental desviante (Hirschi, 1971), conforme se pode perceber através do esquema presente na figura que segue:

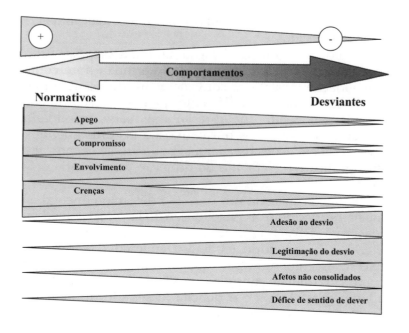

Figura 2.2. Aspectos implicados no desenvolvimento do laço social da teoria de Hirschi (adaptado de Nunes, 2010b).

A teoria de Hirschi tem contribuído muito para o desenvolvimento de estudos a respeito do desvio à norma (Carvalho, 2005; Ford, 2005; Lacourse *et al.*, 2006; McCrystal, Percy & Higgins, 2007), inspirando novas e recentes investigações (Beaulieu & Messner, 2010; Robertson, Xu & Stripling, 2010). Entre essas pesquisas, e a título de exemplo, impende referir o estudo realizado por Longshore, Chang, Hsieh e Messina (2004). Os autores analisaram os dados recolhidos junto a indivíduos do sexo masculino, consumidores de drogas e com condutas transgressivas. A análise centrou-se nos quatro pontos ou mecanismos essenciais para o desenvolvimento e a consolidação do laço social, apresentados por Hirschi, considerando a associação com pares consumidores de drogas e ao reduzido autocontrole. O baixo autocontrole foi negativamente associado com a consolidação do laço social, e positivamente associado com o consumo de drogas e ao envolvimento com pares consumidores de substâncias psicoativas. Outros estudos vêm sendo realizados com base nesta teoria, como o de Carvalho (2005) que se centrou nos dados relativos a jovens institucionalizados por decisão judicial. Os resultados evidenciaram que, entre outros aspectos, existia uma interação social vincadamente negativa, em que os espaços de socialização, familiar e escolar eram marcados por relações instáveis e conflituosas, sendo caraterizados por um clima de privação afetiva e por múltiplas e graves ruturas dos laços sociais. Outras investigações (Anderson, Sabatelli & Kosutic, 2007) procuraram averiguar a associação entre a família, o envolvimento com os pares e a orientação do indivíduo para a realização, a sua regulação emocional e a sua atitude frente à escola. Entre as conclusões, a inteligência foi referida como significativamente mais baixa entre jovens delinquentes (Romi & Marom, 2007) que, certamente, apresentariam uma frágil ligação com a escola e com o interesse pela aprendizagem, num registro em que McGloin, Pratt e Maahs (2004) encontraram, como variáveis mediadoras, a pressão dos pares delinquentes e o reduzido autocontrole.

Portanto, a pertinência e a atualidade da abordagem sociológica de Hirschi, bem como a sua particular atenção sobre o percurso desenvolvimental dos indivíduos e sobre a forma como se processa uma socialização de modo a aproximar ou afastar o sujeito das normas instituídas e dos valores convencionais, é particularmente interessante no contexto de abrangência geral das teorias. Com efeito, a abordagem enquadra-se nas perspectivas que procuram uma compreensão dos processos subjacentes às manifestações comportamentais problemáticas e focaliza-se em aspectos que se relacionam com o controle social, essencialmente associado ao contexto familiar e ao estilo educativo prevalecente, ao longo do desenvolvimento do sujeito. Não obstante, impõe-se a necessidade de averiguar o que se passa em termos de controle social formal, nomeadamente, no âmbito das forças policiais que, estando presentes nas ruas das cidades, tem um papel insubstituível.

2.2. Controle social e trabalho policial

As estratégias das polícias e o papel da ação policial, enquanto forma de controle social formal, têm sido debatidos e, ultimamente, a tendência é a de implementar formas de atuação que promovam o envolvimento dos cidadãos nos esforços que se desenvolvem para manter a ordem pública (Chappell & Gibson, 2009). Ora, as abordagens até aqui apresentadas ao longo deste capítulo, centrando-se nos processos de controle social, remetem para a necessidade de atender particularmente às questões desse controle que, indubitavelmente, se relaciona com a forma como se implementam as ações policiais (O'Connor, 2010), especialmente nas comunidades identificadas como sendo de risco.

É imperativo ter bem presente que o controle social formal pode ser *proativo* ou *reativo*. Este último corresponde à atuação que se desenvolve após a ocorrência (*ex post factum*), já sob um ponto de vista remediativo, como é o caso da investigação conduzida pela polícia a respeito de um crime que já foi perpetrado. Pelo contrário, a ação proativa envolve o cálculo do risco de ocorrência criminosa com antecipação da mesma e intervenção prévia, num estilo de controle social preditivo ou antecipatório (Innes, 2003). Por outro lado, a atuação policial encontra-se em estreita dependência do sistema de justiça, tendo um papel óbvio de identificação e de sinalização do sujeito criminoso junto desse sistema. Entretanto, importa destacar que também o sistema de justiça está fortemente dependente do trabalho da polícia, pelo que se pode referir a existência de uma mútua influência, em que as forças policiais são parte integrante de um sistema que tem de ser entendido em sua globalidade. De acrescentar ainda que o trabalho policial também é afetado pelas inúmeras tarefas que os agentes têm de realizar e que não estão diretamente relacionadas com o crime (Goldstein, 2003).

Na prática, geralmente é delegada à polícia a tarefa de identificar quais as condutas e as circunstâncias que devem ser consideradas como passíveis de repressão em um caso particular, sendo também verdadeiro que os agentes policiais acabam por acumular uma série de responsabilidades, que passam pela observação do comportamento criminal, pela decisão da primeira intervenção (Stephenson, 1999), e dos atos investigatórios preliminares, entre muitas outras atividades inclusive de cunho administrativo.

Esta realidade é frequentemente explicada pelo fato de a polícia estar em serviço durante todos os dias do ano e a todas as horas do dia, acudindo às mais variadas solicitações. Assim, há uma multiplicidade de funções atribuídas às forças policiais, além de que, ao referir-se à criminalidade, há o ingresso em um campo demasiado vasto e amplo que, numa perspectiva mais crítica, pode conduzir ao extremo oposto de questionar a própria legalidade das ações policiais, que não podem ser abusivas e devem se enquadrar no mais restrito respeito à lei e à dignidade da pessoa humana, sob pena de ser também ela criminógena. De mencionar ainda que, estando a criminalidade associada a diferentes tipos de atribuições policiais, muitos cidadãos acabam por perceber o crime como algo que apenas diz respeito às forças policiais e, consequentemente, como um fenômeno de cunho meramente repressivo com o qual a população geral não quer se comprometer (Goldstein, 2003).

Assim, torna-se muito difícil clarificar o papel da polícia perante as populações, que acabam por ter uma imagem frequentemente distorcida daquela instituição, das suas ações, dos seus limites e poderes, bem como da forma como atuam em situações diferentemente díspares. Ora, como antes tivemos a oportunidade de referir, a tendência atual se inclina no sentido de estabelecer uma linha de comunicação entre as forças policiais e os cidadãos, pelo que a percepção que as populações têm dessas instituições acaba por ter impacto no maior ou menor envolvimento das comunidades relativamente à manutenção da segurança. De tudo quanto até aqui foi referido, pode-se depreender que as modernas forças policiais enfrentam uma época de grandes desafios que exigem novas modalidades de agir perante uma comunidade cada vez mais multiconflitiva e ao mesmo tempo cada vez mais consciente quanto à observância dos direitos e das garantias fundamentais de que os cidadãos são titulares.

2.2.1. Policiamento e atualidade

As exigências das atuais sociedades requerem uma atuação policial que se deseja próxima dos cidadãos e em estreita colaboração com eles. Trata-se, indubitavelmente, de adotar uma filosofia favorecedora da criação e da organização de estratégias e de mecanismos assentes no recurso sistemático a uma vertente proativa e de estabelecimento de parcerias (Community Oriented Policing Services, 2009).

A aliança de colaboração entre a polícia e a comunidade que identifica e vive os problemas reais do dia a dia, os crimes ou as desordens, deverá obedecer a uma perspectiva obediente a quatro princípios fundamentais (Skogan & Frydle, 2004): 1) enquadramento comunitário; 2) resolução de problemas; 3) transformação organizacional; e 4) prevenção do crime através de um trabalho conjugado entre polícia e cidadãos. Este desafio, colocado a uma das mais importantes instâncias de controle social formal, exige uma atitude de resolução de problemas específicos de cada área em particular, atendendo às suas especificidades, às suas necessidades e aos meios disponíveis, de forma adaptada e contextualizada (Jaquier, 2008).

Trata-se de uma ideia que, sendo um imperativo nos tempos que atuais, não é nova. A perspectiva de uma polícia próxima da comunidade existe desde há muito tempo, sobretudo a partir das alterações que se verificaram aquando da revolução industrial, num contexto de feroz competitividade acompanhada pelos consequentes movimentos migratórios das populações rurais, que passaram a procurar melhores condições de vida nas áreas urbanas e industrializadas. Nessa época, os sonhos de uma vida menos difícil converteram-se rapidamente em uma dura luta pela sobrevivência nas grandes cidades, sem quaisquer condições para tão elevadas densidades populacionais, e onde se criaram condições favorecedoras do crime (Fischer & Green, 2004).

Assim, e na sequência de tais transformações, em 1922, Peel concebeu a ideia de uma nova polícia, conhecedora dos problemas existentes nas ruas de Londres, e apresentou uma proposta de reorganização da polícia londrina, apontando para a necessidade do envolvimento e da corresponsabilização das comunidades, relativamente à sua própria segurança (Fischer & Green, 2004). Os princípios básicos delineados por Peel assentavam em uma visão da polícia como tendo o dever de prevenir o crime e as desordens, sendo que o seu poder seria diretamente dependente da aprovação pública. Essa aprovação, que deveria ser acompanhada de respeito, afetaria também a forma de alcançar os objetivos de manutenção da ordem. A postura da polícia deveria, então, transmitir a ideia de que "a polícia é a população e a população é a polícia" (Miller, Hess & Orthmann, 2011).

A partir dos princípios e das ideias inovadoras apresentadas por Peel, criaram, não sem críticas, as condições que viriam a propiciar a reflexão sobre a polícia e as respetivas formas de atuar. Já no início do século XX, Woods procurou implementar medidas que, atualmente, se associam à ideia de policiamento comunitário, numa filosofia voltada para o futuro e para a articulação entre agentes de segurança e populações (Skolnick & Bayley, 2006). Após a II Guerra Mundial, iniciou-se um movimento que se generalizou, a partir das forças anglo-saxônicas. Nas décadas que se seguiram, foi desenvolvida a ideia de comunidade, e os estudos foram revelando as vantagens de um policiamento de maior aproximação com as populações (Brodeur, 2003).

Mais recentemente, estão sendo desenvolvidas medidas que concorrem para um policiamento que Brodeur (2005) denominou "policiamento de proximidade". Trata-se de uma modalidade de policiamento em que os agentes de polícia estabelecem uma ligação com as populações locais, e em que se encontram características que podemos destacar da seguinte forma (Mentel, 2008):

1) *Envolvimento na comunidade* com estabelecimento e manutenção de relações de confiança mútua; manutenção

dos direitos à privacidade e, simultaneamente, proteção dos interesses nacionais e de manutenção da ordem;

2) *Consideração da diversidade populacional* e das especificidades de cada comunidade na definição de estratégias de atuação;

3) *Estabelecimento de um sólido compromisso* relativamente à integridade da polícia;

4) *Encorajamento de abertura* a novas estratégias adaptadas às novas tecnologias;

5) *Desenvolvimento de trabalho* constante sobre as relações entre a aplicação da lei e os meios de comunicação social.

A partir dos anos 80 do século passado, começaram então a ser implementadas mudanças no sentido de que o policiamento processasse um regime de proximidade em relação às comunidades. Se é verdade que desde há muito se procurava desenvolver o papel preventivo da polícia em relação ao crime, não é menos verdadeiro que foi a partir da década de 80 que essa vertente passou a ser mais central. Por isso, foram sendo criadas novas estratégias, decorrentes de programas de vigilância e de envolvimento dos moradores nas áreas em causa, da promoção de um aumento de segurança nas residências, com maior conscientização das comunidades, a que se juntaram programas voltados para a educação escolar relativamente às questões da criminalidade (O'Malley, 2006).

Assim, as metas da polícia atual revelam-se muito ambiciosas e não menos difíceis de alcançar, sendo essa dificuldade uma das razões pelas quais nem sempre se tem conseguido reduzir os índices de criminalidade, sobretudo em certas comunidades urbanas, pelo menos considerando a função da polícia como fator de prevenção e redução da incidência de delitos. De acordo com Moore (2003), parece verificar-se a persistente presença de certas fragilidades nos corpos de polícia, antes destacamos, são codependentes de outros fatores que atuam como causas e concausas da criminalidade em uma equação que transcende em muito o agir isolado da polícia. Além disso, parece evidenciar-se a existência de grandes obstáculos no sentido de a polícia receber a confiança da população, especialmente pelo registro de ações que não raras vezes escapam dos estritos limites da lei e de eventos que remetem a práticas de corrupção que se colocam em contramão dos objetivos da instituição policial, vista, não raras vezes, em oposição a determinados segmentos da sociedade, que se sentem desprotegidos e cada vez mais inseguros. Efetivamente, a atuação das forças policiais terá influência indubitável sobre a criminalidade mas, por outro lado, as populações revelam uma nítida redução de confiança nas suas intervenções, nas estratégias de ação policial e nas políticas de policiamento.

Ainda de acordo com Moore (2003), os agentes que procedem ao patrulhamento não conseguem captar todos os elementos que seriam úteis para a prevenção do crime, pelo que atuam, muito frequentemente, num regime reativo, que nem sempre é visto com o olhar de satisfação. É ainda de salientar que, segundo Giddens (2009), há obstáculos decorrentes do fato de a polícia, frequentemente isolada pela sua própria tarefa de garantir a segurança dos cidadãos, terminar por refletir uma "mentalidade fechada", dado o pouco contato que tem com aqueles que supostamente está a servir.

Evidentemente, o que aqui está subjacente se relaciona com as enormes dificuldades de controle social nas cidades contemporâneas (Moore, 2003), apontando para as exigentes medidas a serem tomadas no sentido de que se implemente um real policiamento comunitário. De acordo com Giddens (2009), esse tipo de policiamento significa muito mais do que prestar apoio aos cidadãos, requerendo também uma drástica mudança das perspectivas mais tradicionais das forças policiais que, sem dúvida, terão de colocar a tônica na prevenção, mais do que na imposição coercitiva das leis.

Na sequência do que acabamos de expor, facilmente se percebe que as limitações que foram apontadas, e as exigências que acabaram de ser sumariamente referidas, ilustram a complexidade do trabalho da polícia, desenvolvido em constante interação com os mais variados atores sociais e num contexto que atravessa todos os setores da sociedade (Moore, 2003). Precisamente por essa complexidade, torna-se imperativo o melhor conhecimento, por parte da polícia, da dinâmica do funcionamento social e da comunidade em que a mesma procura atuar. Melhor dizendo, deve-se ter em consideração uma multiplicidade de elementos que afetam a forma como se planeja a atuação policial, havendo necessidade de se conhecer melhor a realidade das diferentes comunidades (Direção Geral de Administração Interna, 2009, Portugal).

Por tudo quanto até agora foi referido, é de todo pertinente apelar ao conhecimento mais profundo da implementação, das implicações e dos possíveis efeitos decorrentes do policiamento comunitário, pelo que se torna muito importante e vantajoso desenvolver "abordagens científicas de aproximação". As sociedades, atualmente, caracterizam-se pela diversidade, pela heterogeneidade e pela permanente transformação, tornando-se imprescindível conhecer as particularidades das comunidades locais (Direção Geral de Administração Interna, 2009, Portugal), através de processos de avaliação que possibilitem aceder aos problemas específicos, às necessidades mais prementes, aos recursos disponíveis e aos prováveis parceiros com os quais se possa contar, num plano de enquadramento comunitário claramente contextualizado em termos sociais, culturais, econômicos e até arquitetônicos.

2.3. Diagnósticos Locais de Segurança (DLS): proposta de avaliação

As cidades contemporâneas, lamentavelmente, integram determinadas comunidades em que se evidenciam elevadas taxas de criminalidade, de que é exemplo o tráfico de drogas, a par de outros comportamentos que, sendo delinquentes, se encontram muitas vezes associados (Brochu, 2000; Otero, 1994). Por isso, revela-se pertinente que se procure desenvolver uma avaliação devidamente contextualizada.

É precisamente por esse imperativo que se desenvolveram diversas experiências internacionais, que muito têm revelado sobre as vantagens da cooperação no sentido da implementação de planos preventivos, assentes no conhecimento das especificidades locais. Entenda-se, exemplificativamente, o Diagnóstico Local de Segurança (DLS) como um processo de análise que visa o melhor conhecimento das comunidades (Direção Geral de Administração Interna, 2009, Portugal), em um regime de estabelecimento de relações de reciprocidade entre a polícia e a sociedade (Bayley, 2006).

Estas exigências no sentido de aumentar o conhecimento das particularidades de diferentes comunidades levaram a pensar em um instrumento de coleta de informação junto às populações. Referimo-nos especificamente ao questionário desenvolvido por Sani e Nunes (2013), na sequência de um estudo solicitado pelo Comando Metropolitano da Cidade do Porto – Polícia de Segurança Pública – cujos elementos contribuíram com a sua opinião e com o seu conhecimento a respeito de uma das comunidades mais problemáticas da cidade do Porto.

Em busca dos objetivos definidos por aquela instituição e tendo em consideração as linhas orientadoras internacionais a respeito dos DLS, construiu-se um questionário que foi sujeito a um pré-teste, tendo-se constatado que o instrumento era de fácil percepção e obtinha as informações necessárias para o caso. Constituído por cinco partes, das quais a primeira colhe os dados sociodemográficos, o questionário apresenta questões abertas, intercaladas com questões fechadas, tanto de resposta dicotômica, quanto de um leque de várias alternativas de resposta. A segunda parte do instrumento procura inteirar-se de perceber a segurança/insegurança das populações, na sua área de residência, sendo seguida por uma terceira parte centrada na possível vivência de situações de vitimização, pelo próprio sujeito ou por alguém que lhe seja próximo. A quarta parte remete para os aspectos relacionados com os meios de controle social formal, procurando recolher informação relativa à percepção das populações em relação à atuação policial e à sua eficácia. Já na última parte, o instrumento está voltado para a informação relacionada com o envolvimento comunitário e com a presença/ausência de sentimentos de pertença à comunidade, por parte das populações locais (Sani & Nunes, 2013).

Assim, através da administração do questionário, é possível aceder às percepções da população a respeito do crime e das condutas antissociais em geral, da atuação policial, da ocorrência de situações de vitimização e dos sentimentos de pertencimento das pessoas, relativamente ao local em que residem. Note-se que apenas com o conhecimento das particularidades de cada comunidade, é possível pensar em estratégias policiais adequadas e dotadas de um esquema em que se priorizam os problemas mais prementes e se aproveitam os recursos eventualmente existentes atribuindo-lhes maior potencialização e eficiência.

Síntese do Capítulo II

Este capítulo centrou-se em alguns modelos voltados no controle social, destacando-se as pressões, criminógenas e de contenção, apresentadas por Reckless, bem como as premissas de que partiram Briar & Piliavin para procurar expor o porquê de alguns serem cumpridores e outros transgressores das normas instituídas. Foi dado especial destaque ao modelo de Hirschi, apresentando a sua teoria sedimentada na maior ou menor robustez do laço social, sendo referidos aspectos mais diretamente ligados ao controle social, sob o ponto de vista de Nye.

Por último, apresentamos alguns dos grandes desafios que se colocam aos meios de controle social formal, referindo-se sumariamente o difícil mas determinante papel atribuído à polícia moderna. Dada a necessidade de atualizar e adequar as estratégias mobilizadas para a manutenção da segurança, apresentou-se uma proposta de avaliação de comunidades urbanas problemáticas, com recurso a um instrumento que proporciona a realização de Diagnósticos Locais de Segurança. O esquema que pretendemos sintetizar este capítulo, e as eventuais ligações entre os seus diferentes aspectos explorados, pode ser visualizado na figura que segue:

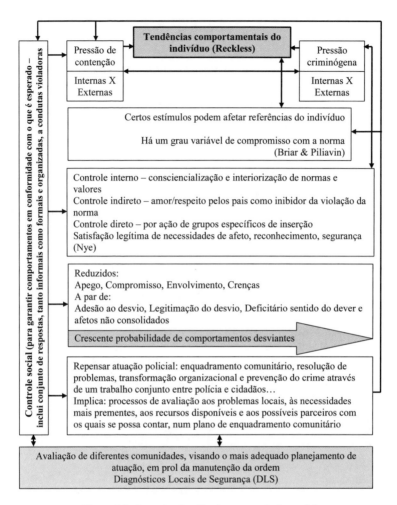

Figura 2.3. Aspectos implicados no controle social.

Capítulo III – Delinquência, controle e espaço físico

(...), mas nem todas as pessoas que passam por uma rua escura cometem crimes.

3.1. Espaço físico e distribuição do crime

Na sequência do que acabou de ser referido no capítulo anterior, parece pertinente destacar as características das áreas em que se verifica a frequente ocorrência de crime. Assim, de acordo com Davidson (1981), não é novidade que certas áreas ou regiões apresentam maiores taxas de criminalidade, relativamente a outras, numa clara heterogeneidade de distribuição do crime em termos de frequência e de tipologia. Em determinadas cidades, algumas zonas evidenciam maiores índices de ocorrências criminosas do que outras e, de acordo com Vold (1941), tudo parece indicar que as grandes urbes exibem taxas mais elevadas de criminalidade quando comparadas com as zonas rurais, muito embora os estudos que concluem nesse sentido apresentem, muitas vezes, limitações tanto no aspecto metodológico, quanto na definição do que pode ser considerado zona urbana ou rural.

Ainda assim, pode-se considerar que as cidades, de um modo geral, tendo uma maior densidade populacional, também incluem uma constelação de condições favorecedoras de maiores concentrações de problemas como a pobreza, o desemprego, as assimetrias sociais e económicas, a par de outros aspectos que, provavelmente, contribuem para a manifestação de comportamentos criminosos, principalmente, entre os mais jovens (White & Cunneen, 2008). No entanto, é necessário ter noção de que, se uma maior concentração de população parece favorecer a ocorrência de crime, também não se pode concluir que esse fator, por si só, implique necessariamente a existência de mais criminalidade (Sani & Matos, 1998).

Também por isso, é de acrescentar às características anteriormente mencionadas, outras como a existência de uma multiplicidade de bares e de locais que, estando mais presentes nas cidades, convidam ao abuso de bebidas alcoólicas, num estilo de vida que pode afetar as condutas, especialmente, no âmbito do desacato e do crime (Hancock, 2006). Por tudo quanto acaba de ser dito, parece ser evidente a necessidade de uma particular atenção sobre determinados bairros e comunidades habitadas por pessoas com pouco poder de crítica em termos sociais e econômicos, bem como sobre as zonas de maior precariedade habitacional. Sob esta perspectiva, salienta-se ainda a ideia de que a conduta delinquente é regida por uma lógica obediente ao aparecimento da oportunidade criminal. Assim, é conveniente lembrar que a distribuição da criminalidade, em função das características do meio ambiente, não constitui uma preocupação recente, embora apresentada cada vez mais como prioridade (Gonçalves, 2008). Efetivamente, a consideração das questões associadas a práticas criminosas impõe a necessidade de se atender aos espaços, aos aspectos circunstanciais e às características ambientais em que tais ações ocorrem, apesar de esses elementos serem, não raras vezes, negligenciados (Rebocho, 2009).

Ora, a designada Criminologia Ambiental, com a qual diversas abordagens têm sido identificadas (Rebocho, 2009), coloca precisamente a tônica nos fatores ambientais que podem contribuir para o desenvolvimento de comportamentos criminosos, de modo que os espaços urbanos sejam os mais estudados, quer pelas suas características de maior densidade populacional e de superior competitividade pelos recursos disponíveis, quer pelas condições físicas criadas pelo homem com vista à própria subsistência nesses meios tão competitivos. Na origem destas linhas interpretativas, encontram-se ligações com a Escola da Chicago e com alguns dos seus estudos desenvolvidos no início do século XX (Gonçalves, 2008).

Um outro aspecto relacionado com os centros urbanos, e com a distribuição das taxas de criminalidade nas diferentes zonas citadinas, relaciona-se com a maior tendência para a ocorrência de crime em áreas dotadas de determinadas particularidades. Realmente, são encontradas maiores taxas de ações criminosas, especialmente contra o patrimônio, nas zonas mais centrais das cidades, contrariamente ao que se passa nas regiões periféricas. Tal situação pode estar associada com o aumento da criminalidade nas zonas mais ligadas à existência de práticas desviantes, ou nas áreas em que circulam mais indivíduos cujas características fazem deles potenciais vítimas, como por exemplo, no caso dos turistas. Também o tipo de crime cometido e a sua distribuição têm sido alvo de estudo no âmbito da Criminologia Ambiental. Muitas dessas análises têm concluído, por exemplo, que os assaltos a residências apresentam uma taxa que parece ser inversamente proporcional à coesão social existente entre os vizinhos, bem como a outros fatores que possam produzir um efeito dissuasor sobre o ofensor, como é o caso do alarme instalado nas lojas de comércio, nas casas e nas residências. No que tange aos crimes contra pessoas, alguns estudos apontam para a existência prévia de uma relação, muitas vezes próxima, entre a vítima e o ofensor, de forma muito semelhante ao quadro que se desenha na ocorrência dos crimes de índole sexual (Gonçalves, 2008).

Por um lado, há aspectos tipicamente citadinos, como a arquitetura e a localização dos edifícios, que podem afetar alguns comportamentos. Por outro, não seria razoável que daí se depreendesse qualquer ideia a favor de relações lineares e diretas de causa/efeito, entre os índices de crime e os fatores de natureza paisagística e arquitetônica. Efetivamente, apesar dos estudos da área da Psicologia Ambiental não serem conclusivos quanto à relação com a habitação em altura (edifícios, construções verticais), por exemplo, há evidências das consequências nefastas deste tipo de desenho habitacional, como o consequente enfraquecimento do controle social informal (Fernandes, 1997b).

Evidentemente, a distribuição espacial das práticas delinquentes tem sido objeto de análise desde longa data, com destaque para autores como Durkheim, por exemplo. Desde logo, o mapeamento das zonas de maior ocorrência de crimes desloca o foco anteriormente centrado no criminoso, para a ação por ele praticada e para os processos de tomada de decisão do infrator, relativamente às suas áreas preferenciais de atuação, bem como em relação às características mais marcantes de tais áreas. Além disso, em termos de investigação, verifica-se também um deslocamento do ponto central de análise, do crime propriamente dito, para as condições da sua ocorrência, principalmente em termos de distribuição dos espaços (Beato, 2000).

Na verdade, sob esta ótica, vários aspectos podem ser analisados, tanto numa perspectiva de enfoque sobre o meio ambiente, quanto no âmbito dos trajetos e das atividades rotineiras das pessoas. Genericamente, as teorias da oportunidade avaliam a multiplicidade de fatores e de situações que podem promover oportunidades de ocorrência de crime (Adler, Mueller & Laufer, 2004). De salientar também que os próprios processos de decisão, quanto à seleção do alvo atingir com determinada ação criminosa, se apresentam relacionados com fatores ambientais, pelo que este ponto de vista requer uma especial atenção (Beauregard, Rebocho & Rossmo, 2010). Então, aspectos como os percursos habituais das pessoas, os seus horários, as características dos locais de residência ou das zonas onde as populações mais se movimentam, as especificidades arquitetônicas de certas áreas e muitos outros elementos podem contribuir para a emergência de oportunidades para o crime, potencializando a sua ocorrência.

3.1.1. A vertente ecológica da criminologia – Park, Burgess & McKenzie

Já no princípio do século XX, Burgess referia que as sociedades contemporâneas estimulam o crescimento das grandes cidades, sentindo-se cada vez mais as mudanças sociais que decorrem das alterações drásticas verificadas em vários níveis da vida diária das pessoas nos grandes centros urbanos (Marzluff *et al.*, 2008).

Para Park, a cidade grande constituía mais do que um mero espaço geográfico, funcionando como um "organismo" que pulsa de cordo com o ritmo das suas distintas áreas e dos diferentes estilos de vida daqueles que nelas habitam. Burgess adotou a imagem de cidade antecipada por Park e apresentou um modelo teórico de desenvolvimento da urbe tipicamente americana. Também McKenzie seguiu a ideia de Park, revelando que as grandes cidades se desenvolvem mediante a emergência de diferentes zonas que crescem concentricamente em torno de uma área central/inicial de maior movimento. Assim, a grande cidade desenvolver-se-ia de forma obediente a um esquema (apresentado na figura 3.1., com áreas numeradas, seguindo uma lógica semelhante à do autor na distribuição concêntrica de diferentes espaços em torno do centro da cidade), em que a zona central (I) teria uma atividade muito intensa em termos comerciais, políticos e sociais, seguida de uma área de transição em que proliferariam as unidades fabris (zona II, da figura 3.1.) e, depois, instalar-se-ia a parte habitada pelas classes socioeconômicas mais desfavorecidas e geralmente caracterizada por edifícios deteriorados e de baixa renda (zona III). A área seguinte (zona IV) seria constituída por habitações das classes trabalhadoras que, conseguindo melhorar o seu poder aquisitivo, teriam "escapado" à degradação da zona II. Seguir-se-ia a zona V (da figura 3.1.) essencialmente habitada pela classe média com acesso a habitações mais dispendiosas e, por último, a zona (VI, da mesma figura) ocupada pelas classes mais abastadas que se instalariam em regiões afastadas do burburinho do centro da grande cidade (García-Pablos, 1988).

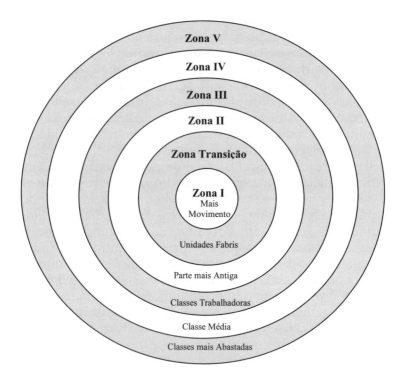

Figura 3.1. Modelo radial de desenvolvimento das grandes cidades (adaptado de García-Pablos, 1988).

Este é o conhecido Modelo Social Ecológico que, apresentando-se como um esquema radial e concêntrico, sustentou as análises da cidade de Chicago desenvolvidas por Park, Burgess e pelos seus seguidores, sendo representativo da Escola de Chicago segundo a qual o crime apresentaria relações com a distribuição de diferentes zonas na cidade (García-Pablos, 1988). O modelo, também usado como ponto de partida para os estudos de Shaw & McKay a respeito da distribuição do crime, levou a que se desenvolvesse a ideia de ecologia urbana nas análises da criminalidade (Glick & Miller, 2008).

Vários estudos em torno das áreas de maior criminalidade foram desenvolvidos tendo por base o modelo anteriormente apresentado. No início do século XX, os pesquisadores da área social da Escola de Chicago voltaram sua atenção para fenómenos como a delinquência e a criminalidade organizada. Um dos primeiros estudos foi divulgado em 1912, através da obra *The delinquent child and the home*, de Abbot e Breckinridge. A pesquisa, ainda que sem uma sólida base teórica, foi determinante para posteriores investigações. As autoras centraram-se essencialmente nas populações migratórias e referiram que o crime tinha como fator determinante o desfavorecimento económico de tais indivíduos (Morris, 2002).

Posteriormente, em 1929, foi publicado outro estudo, *Delinquent áreas. A study of the geographic distribution of school truants, juvenile delinquents and adult offenders in Chicago*, de Shaw e colaboradores. Na obra, os autores pretenderam articular uma vasta gama de dados sociológicos, procedendo ao que chamaram uma análise "situacional" do comportamento, em que procuraram integrar as motivações pessoais e os mecanismos da ação social (García-Pablos, 1988). Mais tarde, Shaw e McKay desenvolveram trabalhos que os levariam a considerar uma série de fatores, de que faziam parte a deterioração do meio físico e as características da comunidade, como elementos que estariam associados com as taxas de criminalidade (Burfeind & Bartusch, 2011).

3.1.2. Uma perspectiva da ecologia urbana – Shaw & McKay

Na década de 30 do século passado, Shaw e McKay desenvolveram um laborioso trabalho de pesquisa, procurando uma explicação para o desenvolvimento de condutas delinquentes, especialmente nas grandes cidades. Apresentaram, então, uma perspectiva que desafiou as anteriores interpretações influenciadas pela visão determinista e atávica do criminoso (Glick & Miller, 2008).

Efetivamente, vivia-se um ambiente que contribuía para a perda da capacidade de manutenção da ordem. No início do século XX, instalou-se um clima de feroz industrialização com deslocamentos de muitos indivíduos, das zonas rurais para as grandes urbes e, recorde-se, da Europa para a América do Norte. Esses rápidos movimentos de pessoas provocaram grande densidade populacional nas cidades, gerando-se, assim, condições para a fragilização dos laços sociais anteriormente existentes. Por outro lado, diante de tão drástico aumento de população nas grandes urbes, também se instalaram condições para o enfraquecimento das redes de controle social. Assim, foram criadas as condições favorecedoras (senão mesmo potenciadoras) da desorganização social que, indubitavelmente, facilitaram a emergência de estruturas específicas em que proliferaram os grupos delinquentes (Capaldi, DeGarmo, Patterson e Forgatch, 2002).

Então, as cidades da época, sobretudo nos Estados Unidos da América, apresentavam características muito particulares que denunciavam a influência das drásticas mudanças ocorridas na sequência da industrialização e dos movimentos migratórios. Nesse contexto, e num clima favorecido por essas mudanças, verificou-se a instalação de uma marcada desorganização social que, por seu turno, potencializou a criminalidade, também por via da diluição dos laços de coesão social. Após a realização de grande relatório de informação que foi analisado levando em consideração a biografia do criminoso, os autores chegaram a algumas conclusões que, na esteira de García-Pablos (1988), podemos apresentar no seguinte sumário:

1) O criminoso e o restante da população não apresentam diferenças significativas em termos de inteligência, de personalidade e de traços físicos;

2) As áreas urbanas de maior criminalidade evidenciam a emergência de processos de desintegração das tradições convencionais, das instituições e dos mecanismos de controle social em geral;

3) As zonas em que ocorrem mais crimes oferecem oportunidades de atividade criminal e favorecem esses comportamentos;

4) A conduta criminosa e os procedimentos que lhe são necessários são aprendidos e transmitidos;

5) A identificação do sujeito com um grupo desviante e a internalização dos valores seguidos por esse grupo levam à consolidação de trajetórias criminosas;

6) As áreas urbanas de maior mobilidade de residentes, com um clima de desorganização social que inibe a aprendizagem dos valores convencionais e das normas socialmente instituídas, são aquelas em que se encontra mais criminalidade.

Shaw e McKay debruçaram-se, então, sobre a análise das zonas com maiores taxas de criminalidade, e passaram a descrever a cidade como integrando diferentes regiões, cada uma delas com díspares funções e diversos climas sociais (Born, 2005). A cidade seria, sob este ponto de vista, uma estrutura ancorada na natureza e na solidez dos laços sociais, cujo papel seria aquele de garantir a coesão social (Xiberras, 1996).

Nesse contexto, Shaw e McKay construíram a ideia das *bolsas de delinquência*. Essas seriam áreas da cidade de Chicago onde se verificava uma elevada criminalidade (Gonçalves, 2008) e onde seriam claramente visíveis os sinais de desorganização social, com apoio comunitário empobrecido e fragilização das redes de controle social (Gold, 1987). De acordo com os autores, as bolsas de delinquência não seriam zonas criminógenas, mas áreas ou regiões urbanas onde se teria instalado a desorganização social e em que se estabeleceriam interações favorecedoras da prática delituosa (Gonçalves, 2008). Mais especificamente, essas áreas evidenciariam uma grande rotação de residentes, num clima de mobilidade quase permanente, tanto das pessoas quanto dos grupos que as frequentavam. Eram zonas em que se instalariam a insegurança e a desorganização favorecedoras da diluição de laços sociais (Born, 2005), estando também implicadas as relações que aí eram facilmente estabelecidas com pares delinquentes (Wasserman *et al.*, 2004).

Das análises realizadas por Shaw e McKay acerca das áreas urbanas de maior criminalidade, emergiu um mapa de distribuição do crime, bem como as seguintes conclusões (García-Pablos, 1988):

1) As zonas com mais ocorrência de crimes correspondem às áreas circundantes das unidades fabris e dos centros de comércio, onde, saliente-se, se encontram vários edifícios abandonados e de baixa renda;

2) A criminalidade revela-se mais elevada nas regiões em que parece haver menor poder econômico, em que as pessoas vivem em situação claramente desfavorecida, e onde proliferam doenças como a tuberculose (e nas quais há maior consumo de álcool e substâncias entorpecentes);

3) Constatou-se também que as zonas onde há maior criminalidade correspondem àquelas em que os habitantes são predominantemente de proveniência estrangeira.

Para Shaw, as áreas ditas criminais seriam aquelas em que haveria uma maior frequência de crimes (Morris, 2002), e o estabelecimento de mapas da criminalidade seria, de acordo com o defendido por Lind na década de 30 do século passado, o primeiro passo no sentido de procurar apurar as possíveis relações entre crime, delinquência e outros distúrbios, bem como aspectos relacionados com condições habitacionais, proximidade do centro urbano e acesso a espaços recreativos (Hawley, 1973).

3.1.3. Uma perspectiva da ecologia do crime – Stark

As características das comunidades em que se verifica maior número de crimes reúnem uma multiplicidade de aspectos e de particularidades que acabam por se relacionar, não só com os fatores ligados aos espaços físicos, mas também com o tipo de interações que se estabelecem nesses locais. De acordo com Stark (1987), alguns desses elementos revelam-se essenciais na abordagem ecológica do fenômeno do crime.

Dos fatores destacados nesta perspectiva, impende apresentar os cinco referidos por Stark (1987), conforme segue:

1) *Densidade* (*density*), que remete para a ideia de que, quanto maior for a densidade populacional de uma determinada área, maior será a associação entre aqueles que apresentam predisposição para o desvio. Isto não implica que haja, necessariamente, que mais atos desviantes nas

zonas muito povoadas. Contudo, havendo maiores probabilidades de partilha de espaços entre os que tendem mais e os que se inclinam menos para a conduta antissocial, haverá maior exposição a interações que podem ter um papel de pressão no sentido do desvio. Por outro lado, também se pode fazer uma associação entre a maior densidade populacional de uma área e a maior tendência para se considerar que as pessoas ali residentes se apresentem como "muito piores do que pretendem ser". Evidentemente, o que aqui se discute é a maior dificuldade dessas comunidades passarem despercebidas, padecendo, não raras vezes, de processos de estigmatização/rotulação. Dito de outra forma, os residentes em áreas muito densas tenderão a aparentar menor respeitabilidade em relação àqueles que habitam espaços menos densos;

2) *Pobreza (poverty)*, como fator que apenas oferece um modesto contributo para o desenvolvimento de comportamentos delituosos. Aliás, assumir que a elevada criminalidade de uma comunidade se deve à pobreza dos seus residentes seria retirar a própria legitimidade das abordagens ecológicas. Estas perspectivas, pelo contrário, defendem que o poder preditivo da pobreza em relação ao crime varia em função das variáveis ambientais. Efetivamente, sabe-se que o desvio será menos provável entre famílias pobres em locais em que há menor densidade populacional, maior heterogeneidade em termos de rendimentos, menos deterioração das habitações, menor mobilidade/rotatividade dos residentes, polícia mais vigilante e menos permissiva. Portanto, a pobreza apenas terá implicações, quando acompanhada de várias outras características favorecedoras do comportamento delinquente;

3) *Bairro Misto (mixed use)*, referente a áreas em que coexistem habitações familiares, estabelecimentos comerciais e até pequenas indústrias, partilhando os mesmos espaços. Na verdade, a presença de pobreza e a elevada densidade populacional podem contribuir para a instalação dessa diversidade, em que se misturam residências, comércio e indústria. Esses contextos parecem potencializar a familiaridade com o desvio, proporcionando acesso a locais que oferecem oportunidades para práticas desviantes. Por

outro lado, nas comunidades instaladas neste tipo de zonas parece haver um aumento de probabilidades para que as pessoas se reúnam fora de casa e em locais potenciadores de comportamentos menos adequados. Acrescente-se que estas áreas de residência, quando apresentam elevada densidade populacional e exibem considerável pobreza, também tendem mais para a rotatividade dos seus moradores, e isso tem ligação com a criminalidade. Com tal conjunto de elementos, também se verifica uma maior degradação ou deterioração dos edifícios e dos espaços em geral;

4) *Mobilidade/Rotatividade* (*transience*), que se relaciona com a reduzida estabilidade dos residentes e frequentadores da área em causa e, consequente e logicamente, é também um aspecto que se relaciona com a maior dificuldade em estabelecer laços entre indivíduos e famílias. Assim, também se verifica um reduzido controle social formal e informal, uma vez que essa mobilidade populacional enfraquece a probabilidade de instalação voluntária de organizações/instituições, além de fragilizar a participação comunitária por parte dos cidadãos. Ainda se pode afirmar que tal transitoriedade reduz os níveis de vigilância comunitária e, como se referiu anteriormente, quando se somam a mobilidade/rotatividade, a pobreza, a elevada densidade populacional e as características do bairro misto, constata-se a maior tendência para a deterioração dos comportamentos;

5) *Deterioração* (*dilapidation*), que se verifica através da degradação ambiental, da decadência dos espaços e do mau estado das próprias habitações e dos demais edifícios o que, desde logo, constitui um elemento estigmatizante para os próprios residentes. Efetivamente, o estado em que se encontra uma determinada área urbana, não só reflete o *status* social dos seus residentes, como também lhes confere um *status* impregnado de estigmas.

Evidentemente, todas estas particularidades se interligam e não devem ser consideradas isoladamente, pois elas interagem dinamicamente, criando novas e mais intensas fontes de influência sobre os comportamentos das pessoas que se movem diariamente nestas comunidades. De acordo com Stark (1987), a estigmatização dessas populações tenderá a gerar um maior número de pessoas em estado de desmoralização. Ora, esse estado vulnerabiliza os sujeitos, expondo-os mais facilmente às oportunidades de desvio e oportunizando hipóteses para "vitimização". Também se constata que, nessas condições, se torna mais difícil que os habitantes tenham uma percepção das mudanças que eventualmente se verifiquem no sentido do sucesso.

Por tudo quanto foi até aqui exposto, pode-se afirmar que não basta procurar os fatores individuais que possam estar implicados na criminalidade. Esses elementos, sendo importantes, não serão absolutamente determinantes, pelo que se torna imperativo que a procura de explicações para o fenómeno do crime se volte também para os espaços, para as características da comunidade e para os fatores que, sendo externos ao indivíduo, afetam as taxas de crime encontradas em áreas específicas (Stark, 1987). É nessa tendência que se têm caminhado algumas investigações, vindo a procurar, nos espaços físicos e nas oportunidades neles geradas, aspectos que se relacionam diretamente com a prevenção do delito.

3.1.4. As oportunidades criminais – Davidson

Davidson (1981) é um autor da Criminologia Ambiental que procura investigar as diferentes oportunidades proporcionadas pelo meio, no sentido de que se verifique a ocorrência de crime. Centrado nos espaços e, sobretudo, nos elementos que aí se encontram e que podem contribuir para a ocorrência de crimes, o autor apresenta uma interessante interpretação do fenómeno que se organiza em torno de conceitos que compõem a denominada Teoria das Oportunidades.

O contributo de Davidson proporciona uma definição mais clara do conceito de oportunidade, através da distinção entre oportunidades *Predisponentes* e as *Precipitantes*. Assim, as oportunidades predisponentes incluem os fatores provenientes do meio de origem do infrator, enquanto as precipitantes se relacionam com as características circunstanciais em que ocorre a ação criminosa. Entre os fatores que integram as oportunidades predisponentes, encontram-se alguns dos aspectos preditores da delinquência que foram abordados pela Escola de Chicago. Desses elementos, imponta referir a degradação das condições habitacionais, o sobrepovoamento, a reduzida estimulação escolar e laboral, o ambiente com presença de uma atitude de indiferença ou de desculpabilização (quando não de valorização) dos comportamentos antissociais ou, ainda, um clima que potencializa a manutenção de subculturas desviantes.

No que se refere às oportunidades precipitantes, integram situações relacionadas com o alvo do crime, a atividade do potencial ofensor, as características físicas do meio, a localização e o acesso ao alvo, etc. O acesso, não se relacionando apenas com aspectos físicos, associa-se também com o conhecimento, por parte do ofensor, de informações relativas ao seu potencial alvo. Assim sendo, torna-se imperativo que se estude uma antecipação dos alvos que poderão despertar interesse por parte de potenciais ofensores, bem como uma contextualização da atividade desviante do potencial transgressor, através de informações a seu respeito. De igual forma, é importante apontar a existência de meios que potencializam a prática de determinadas ações (Davidson, 1981).

Certos indivíduos organizam-se em grupos cuja ação delinquente é desenvolvida em zonas comerciais das grandes cidades, ao contrário de outros, cuja atividade é exercitada especialmente em espaços abertos. Por último, salientam-se aspectos como a configuração física do espaço e o planejamento urbanístico da cidade, que constituem fatores que devem ser considerados e repensados em termos de prevenção, uma vez que podem reunir características conducentes ao desenvolvimento de ações criminosas (Davidson, 1981).

Assim, Davidson chama a atenção para outros elementos que podem gerar algumas condições favorecedoras do crime. Um desses aspectos é a existência de crenças que dizem respeito à quantidade, severidade e origem das ações criminosas, que são percebidas como não se tratando de um problema local. Assim, a tendência será no sentido de alimentar a crença de que os ofensores são de outras zonas que não aquela em que se reside, sendo que cada indivíduo considera a sua área de residência como mais segura do que as outras, o que muito frequentemente é contrariado pelas taxas de vitimização e pela ocorrência de crimes (Machado, 2004). Este aspecto assume particular relevância, até porque a partir dessa crença também se desenvolvem mecanismos facilitadores do crime, como a ausência de medidas de segurança, tanto na própria habitação, quanto na área circundante. Assim, as características do espaço que se habita assumem um papel muito relevante quanto ao crime e à sua prevenção.

3.1.4. Dos espaços à prevenção – Taylor

Taylor apresentou um quadro teórico que incluiu o estabelecimento de ligações entre a gestão de espaços mais restritos e pessoais, como é o caso da residência de cada um de nós, e a organização de espaços mais abrangentes e amplos, como são os espaços circundantes e comuns a várias habitações.

A proposta do autor (1987), inscreve-se em uma leitura cuja preocupação se centra essencialmente na prevenção, tendo em consideração os aspectos situacionais/circunstanciais. Nesta perspectiva, parte-se da ideia de um *continuum* de posições para as quais se considera o que é pretendido e o que é possível realizar nos espaços próximos de cada um, bem como nos que lhes estão diretamente associados ou próximos. De acordo com Taylor, verifica-se uma tendência generalizada para a tolerância relativamente a "intrusos" ou a comportamentos menos normativos, principalmente quando estes se desenvolvem em espaços afastados do contexto de vida de cada indivíduo. Em termos preventivos, o autor refere a possibilidade de incluir, nas condições gerais do meio físico, algumas normas de conduta exigíveis aos residentes. Assim, seria possível estabelecer mecanismos de controle territorial que se alargariam a espaços para além das próprias residências, através da imposição de normas comportamentais. Dessa forma, seria interrompida a crescente "indiferença espacial", que tem como resultado a desordem social e, consequentemente, a delinquência. Através desta abordagem haveria a possibilidade de criar esquemas de procedimentos a serem transmitidos às populações, os quais teriam o objetivo de facilitar a adoção de medidas preventivas do crime (Gonçalves, 2008).

Essa preocupação com a divulgação de informações relativas às medidas de segurança a serem implementadas pelas próprias populações nos seus locais de residência, está ligada à ideia, defendida por Taylor e por outros, de uma necessidade de olhar o crime, não gerando pânico, mas, também, não negando a sua gravidade enquanto problema (Machado, 2004). Para tanto, seria fundamental que não se divulgasse uma imagem que levasse à exagerada preocupação. No entanto, seria importante que se tomassem medidas esclarecedoras e de conscientização das pessoas, no sentido de desenvolverem as suas próprias medidas de segurança, quer em sua casa, quer nas áreas circundantes.

De certa forma, esta abordagem termina por traduzir a ideia de que não é o local propriamente dito que constitui o elemento potenciador dos comportamentos criminosos. O que realmente está em causa são as formas de funcionamento da comunidade, as atitudes e as interações que acabam por introduzir no espaço físico uma série de fatores de proteção ou, pelo contrário, de fatores favorecedores da prática de crimes. Fernandes (1997a) destaca esta questão ao esclarecer que muitos poderão continuar a debater se nos bairros sociais há ruas boas ou más, se o esporte, o uso do computador, etc., disputam com as atividades de rua ou não, o seu poder apelativo e, até, se a visita às paisagens naturais adquire um poder superior ao da paisagem citadina e típica das áreas de fundos de um bloco ou de um prédio de cimento. Todavia, refere ainda Fernandes, o espaço não é gerador de qualquer efeito, sendo, quando muito, a sua sede. O que é realmente importante é a função social do espaço, as interações que nele ocorrem e a forma como nele se estabelecem as relações do quotidiano.

3.2. A prevenção do crime e o planejamento dos espaços – Jeffery

A abordagem baseada no ambiente e designada por *Crime Prevention Through Environmental Disign* (CPTED) surgiu na década de 70 do século passado, tendo em vista a redução de certos crimes, especialmente de roubo e de violência associada (Peek-Asa & Zwerling, 2003). O CPTED refere-se à "manipulação" do ambiente numa tentativa de reduzir o crime ou, mais realisticamente falando, refere-se a uma perspectiva de redução das oportunidades de crime, através de um planejamento arquitetônico previamente pensado (Clark, 1989).

Efetivamente, o CPTED é percebido como um projeto ambiental em que se procede à "manipulação das coisas e das condições", mudando os contextos em que se movem as pessoas, de forma a alterar as características que possam potencializar a prática criminosa. Não obstante, o CPTED também pode ser interpretado como um modelo de atuação que produz mudanças nas condições do ambiente para minimizar o medo do crime, e não apenas a sua ocorrência (Rolim, 2009).

Nesse sentido, pode-se afirmar que o modelo, sendo diferente do mero planejamento dos espaços de residência, emergiu da desilusão de Jeffery face à ineficácia do sistema de justiça quanto à prevenção. Crítico em relação às abordagens sociológicas, Jeffery considerava que aquelas teorias tinham convertido o ambiente físico em meio social e o crime nos próprios criminosos (Schneider & Kitchen, 2002). É certo que este modelo começou a dar os primeiros passos a propósito de um debate entre Jane Jacobs e Oscar Newman, iniciado em finais da década de 60 do século passado. No entanto, também é correto afirmar que foi Jeffery quem iniciou o programa propriamente dito, apelidando-o de *Crime Prevention Through Environmental Disign*. Para tanto, muito contribuiu a série de entrevistas que realizou com prisioneiros, a fim de apurar o porquê desses indivíduos optarem por certas áreas para praticar os seus crimes e questionando a respeito das características que tornavam esses locais mais atrativos para os transgressores (Arrington, 2007).

Com o objetivo de reduzir as oportunidades de crime e as situações de medo decorrentes das mudanças no ambiente, o CPTED inclui a definição de certas estratégias, que podem ser usadas em diferentes combinações. Dentre elas, tal como aponta Crowe (2000), podem ser destacadas as seguintes estratégias:

1) O estabelecimento e a construção de fronteiras ou de limites claramente definidos nas áreas consideradas controladas;

2) A criação de zonas de transição para delimitar as áreas comerciais e públicas, distinguindo-as dos espaços privados;

3) A relocalização das áreas de recolhimento, colocando-as em espaços com boas condições de vigilância e de controle;

4) A localização dos espaços de desenvolvimento de determinadas atividades (como as escolas) em zonas consideradas seguras;

5) O repensar da colocação de barreiras de separação natural entre espaços de atividades que se revelem em conflito;

6) O redesenho dos espaços para aumentar a percepção de segurança, vigilância e controle;

7) A promoção da comunicação, evitando o isolamento.

É de salientar que Newman, em 1972, tinha definido o conceito de *espaço defensível* (*defensible space*) ao propor um modelo que, em termos arquitetônicos, inibisse a prática de crimes (Lab, 2010). Segundo aquele autor, o conceito de espaço defensível não remete para a criação de barreiras ou de tapumes, mas para a redefinição de áreas físicas de responsabilidade, com demarcação de novos e de diferentes espaços de influência (Newman, 1996).

Entretanto, torna-se um imperativo revelar que os projetos como o CPTED emergiram para fazer frente a situações muito específicas, em que as medidas a tomar são pensadas para prevenir uma forma determinada de criminalidade, ainda que não resolvam outros tipos de crime que, eventualmente, possam ocorrer até na mesma área. Trata-se do tipo de abordagem preventiva que se baseia em quatro fases a considerar (Clark, 1989):

1) Análise das condições situacionais que permitem ou facilitam a ocorrência das formas de crime em questão. Esta análise deve incluir a averiguação de uma determinada forma de manifestação criminal, em termos espaciais e temporais, podendo até ser necessário obter informação atualizada;

2) Estudo sistemático dos possíveis meios para bloquear as oportunidades de ocorrência de formas particulares de crime, não esquecendo a própria análise de custos. Esses meios são variáveis e as técnicas implementadas não devem ser importadas de outras áreas onde podem ter funcionado, uma vez que isso não garante que funcionem naquela situação específica. Portanto, é importante adaptar e programar medidas devidamente contextualizadas em cada zona particular;

3) Implementação preferencial das técnicas que se revelem mais promissoras, econômicas e facilmente praticáveis. Deve-se salientar que, por vezes, o empenho a ser colocado na fase de implementação é subestimado. Por outro lado, também pode acontecer que essa fase seja desenhada de forma excessivamente rígida. Na verdade, é necessário planejamento e, simultaneamente, flexibilidade, devendo haver realismo nos objetivos a serem definidos;

4) Monitorizar os resultados, como etapa final e de central importância, na medida em que a monitorização possibilita o desenvolvimento de boas práticas e define as diferenças necessárias à prevenção em diferentes locais e situações.

No que diz respeito às bases teóricas desta forma de prevenir o crime, pode-se afirmar que assentam particularmente em duas perspectivas recentes da moderna Criminologia: a da escolha racional e a das oportunidades para o crime (Clark, 1989). A abordagem das oportunidades refere as mudanças em termos de natureza e de frequência de oportunidades para a prática criminosa. Com efeito, pode-se dizer que, desde a década de 60 do século passado, assistimos ao aumento das condições geradoras de oportunidades para a prática de crimes, com redução da eficácia dos mecanismos de controle social. Curiosamente, pode-se mesmo observar que os meios que foram possibilitando uma vida de maior acesso a certos benefícios, também foram contribuindo para gerar mais oportunidades criminosas (Cohen & Feldson, 1979).

Já no que se refere à perspectiva da escolha racional (Cornish & Clarke, 1986), a maioria dos crimes praticados resulta de uma opção feita por próprio indivíduo, que persegue um determinado tipo de benefício que pode ser sexual, econômico ou de outra natureza, como o domínio sobre os demais ou a obtenção de um estatuto junto do grupo de pares. Enfim, a motivação subjacente à manifestação criminosa, segundo este ponto de vista, vai em busca da obtenção de um benefício pessoal (Hollin, 2007). É de salientar que várias conceitualizações teóricas apresentam diferentes aspectos subjacentes à prática criminosa e adotam diferentes designações, como a teoria da escolha racional de Cornish e Clarke, a das atividades rotineiras de Feldson, a do estilo de vida de Hindelang e colaboradores, entre outras. Por isso, não é de estranhar que a aplicação de muitas dessas abordagens também assuma diferentes denominações. Não obstante, apesar destas e de outras teorizações a respeito do crime variarem em termos de conteúdos e de pontos centrais, elas também apresentam alguns aspectos comuns cuja importância é inegável e que podem ser apresentadas através da lição de Brantingham & Brantingham (1993):

1) O crime é percebido como o ponto de chegada de um processo decisório que atravessa uma sequência de etapas ou de fases e, esse mesmo processo, nem sempre se constitui de passos conscientes, muito embora, geralmente, resulte em atos racionalmente previsíveis;

2) Esse processo de tomada de decisão implica que todo o crime se inicie com alguém que se revele num estado de prontidão para a ação, sendo que esse estado de prontidão e os níveis de motivação para esse comportamento provêm de diferentes fontes;

3) As ações criminosas também dependem, pelo menos parcialmente, dos estados psicológico, social e cultural do

indivíduo, sendo que os estados de prontidão para a execução do crime não se apresentam como uma constante no sujeito. Acrescente-se que nem a motivação do ofensor nem as oportunidades que lhe são proporcionadas se encontram uniformemente distribuídas no espaço e no tempo. Evidentemente, as oportunidades para a execução de um crime não são iguais em todos os locais e, certamente, irão variar com o tempo em um mesmo local, pelo que o criminoso, por mais motivado e preparado que esteja, terá um comportamento que dependerá, também, desses aspectos que lhe são externos mas que serão considerados e analisados no processo de tomada de decisão.

Assim sendo, qualquer aumento das dificuldades de realização de atos criminosos, ou dos riscos envolvidos nessas ações, tenderá a reduzir as oportunidades para o delito e também a escolha por essa via de obtenção de benefício. Dito de outra forma, dificultando as práticas criminosas, é possível desmobilizar o potencial ofensor. De fato, esse é o racional teórico subjacente a projetos como o CPTED que, apesar da sua curta existência, tem revelado bons resultados e um considerável sucesso na prevenção da criminalidade (Clark, 1989).

Deve ter-se em consideração que estas perspectivas centradas nos espaços foram inspiradas em aspectos de duas grandes perspectivas sociológicas do crime: a da ecologia criminal, antes referida, e a da desorganização social. De acordo com Dias e Andrade (1997), essas duas perspectivas sociológicas apresentam fatores que apenas explicam o crime de forma parcelar, mas que nem por isso devem levar a uma postura que reduza o contributo por elas oferecido. Assim, na sequência da apresentação dos espaços e do seu papel na prevenção do crime, parece pertinente abordar a desorganização social que, não raras vezes, se instala em tais domínios espaciais.

Síntese do Capítulo III

O terceiro capítulo deste livro centrou-se nos espaços e nas características físicas que podem potencializar um clima favorecedor da ocorrência de crime. Por isso, foram apresentadas algumas abordagens à criminalidade urbana, que se desenvolveram no início do século passado, deixando um legado que, com certeza, foi muito útil às mais recentes perspectivas centradas no ambiente físico que, até pelas interações que proporciona e estimula, pode propulsionar a prática criminosa.

Evidentemente, não poderia ser esquecida a prevenção do crime, em especial aquela que busca repensar os espaços, tendo em vista a redução de condições favorecedoras da criminalidade. O esquema apresentado na figura seguinte procura sintetizar e relacionar os diferentes aspectos que foram sendo salientados ao longo deste capítulo.

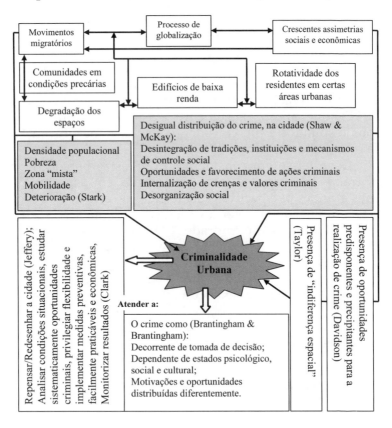

Figura 3.2. Aspectos implicados na desigual distribuição da criminalidade urbana.

Capítulo IV – Delinquência e desorganização social

Do ponto de vista psicológico e social, a delinquência é sempre uma forma de desorganização.

4.1. Desorganização social e criminalidade

Eis-nos chegados ao último capítulo deste livro, referente às questões da desorganização social, o que nos remete para aspectos relativos ao desenvolvimento de um estilo comportamental delinquente, atendendo a autores diversos, como Moffitt (1993), já antes referido nesta obra, a que podemos acrescentar estudos como o de Moffitt e Caspi (2002). Esses investigadores distinguem a delinquência limitada à adolescência (*adolescence limited delinquency*) e os delinquentes de carreira (*life-course-persistent delinquency*). A primeira geralmente é exploratória e temporária, e se caracteriza por ser utilitária e corresponder a uma ruptura com os valores familiares em busca de protagonismo, sendo que sua interrupção se dá, em princípio, regularmente com o fim da adolescência. A segunda é de início precoce, persiste em vários períodos da vida, e apresenta maior probabilidade de perturbações neurobiológicas e comportamentais, assim como de influência genética dos riscos.

Dessa forma, vê-se que continuidade (persistência) e mudança (fuga do processo) são dois fatores que se contrapõem. A delinquência de início precoce (*precocious offenders/ early onset offenders*) pode ser explicada pela conjugação de prejuízos individuais, práticas educacionais ineficientes, e estrutura social desfavorável, a par de uma maior probabilidade de exposição a uma gama de características emocionais negativas e a uma série de dificuldades neurodesenvolvimentais, estilos parentais inadequados, confusos e contraditórios ou descontrolados para as crianças (Moffitt, 1993).

A propósito, e relativamente a esse contexto, cabe referir os subtipos de Transtorno de Conduta[3] trazidos pelo DSM-5 (2014, p. 470 e seguintes), classificados em:

1) Tipo com início na infância, com a presença de pelo menos um sintoma característico de transtorno de conduta ocorrendo antes dos 10 anos. Os indivíduos que se enquadram nesse tipo geralmente são do sexo masculino, desafiadores, demonstram agressividade física, têm relacionamentos perturbados com seus pares. Estão mais propensos a terem Transtorno de Conduta e a desenvolverem Transtorno de Personalidade Antissocial na idade adulta do que os com início na adolescência. Muitos deles têm Transtorno de Déficit de Atenção/Hiperatividade concomitantes;

2) Tipo com início na adolescência, definido pela ausência de sintoma característico de Transtorno de Conduta antes dos 10 anos. A razão de homens para mulheres é menor do que para o Tipo com Início na Infância e estão menos propensos a apresentar comportamento agressivo e a ter Transtorno de Conduta ou a desenvolver Transtorno de Personalidade Antissocial na idade adulta dos que o do Tipo com Início na Infância.

Assim, através do que acabou de ser apresentado, pode facilmente depreender-se que existe uma estreita ligação entre o processo de desenvolvimento de nossas crianças e jovens, e a forma como a própria sociedade se estrutura, de maneira mais ou menos organizada, podendo contribuir para a emergência de elementos favorecedores do desenvolvimento de condutas delinquentes. Evidentemente, a questão da maior ou menor organização social está também associada aos aspectos referidos anteriormente

---

[3] Os indivíduos com Transtorno de Conduta podem apresentar Transtornos Associados, tais como: comportamento sexual precoce; consumo de álcool; uso de substâncias ilícitas; atos imprudentes e arriscados; expulsão da escola; problemas de ajustamento no trabalho; dificuldades legais; doenças sexualmente transmissíveis; gravidez não planejada; ferimentos por lutas, lesões corporais ou acidentes; pode estar associado à inteligência inferior à média; baixo rendimento escolar (habilidades verbais, simbólicas e abstratas); além de pouca empatia ou preocupação com os sentimentos, desejos e bem-estar alheios (DSM-5, 2014, p.473).

a respeito do controle social formal. Afinal, autores antes referidos, como Nye, já em meados do século passado referiam a ideia de que haveria fatores de controle direto sobre os comportamentos, sendo que tais fatores incluíam a atuação das instâncias cujo funcionamento e eficácia dependem da estruturação/organização social.

As próprias questões associadas aos espaços físicos, sua distribuição e manutenção, tendo sido também já apresentadas neste livro, acabam por estar relacionadas com a (des)organização social, na medida em que, não havendo uma organização do tecido social, dificilmente haverá preocupação com os espaços públicos e privados, e com as interações que aí se possam estabelecer.

Na sequência do que acabou de ser salientado e atendendo ao teor deste capítulo, deve recordar-se que muitos dos estudiosos do crime, antes e depois de Durkheim, foram procurando apurar as causas da criminalidade, apelando a fatores externos ao indivíduo como a densidade populacional, as condições econômicas e as características ambientais das diferentes áreas, não sendo esquecidas as questões da (des)organização social que estão, obviamente, ligadas a estes elementos sociodemográficos. Porém, para Durkheim, uma explicação para o crime implica que a anomia esteja contida na sociedade em si mesmo. Para o autor, o indivíduo é reflexo do mundo em que vive e o crime decorreria da natureza humana, resultando das interações sociais e, via de resultado, um evento absolutamente normal (Glick & Miller, 2008). Assim sendo, a ausência de crime poderia representar um controle absoluto e, consequentemente, um estado patológico (García-Pablos, 1988).

O termo *anomia* corresponde, etimologicamente, à ausência de normas, sendo utilizado em diferentes contextos (Dias & Andrade, 1997). Efetivamente, a anomia tem sido apontada como um estado de vazio ou de carência de regras que se instala em uma determinada sociedade, produzindo diferentes efeitos, entre os quais se destaca a gênese de condutas desviantes por parte de alguns dos membros dessa mesma sociedade. O enfoque "macrossociológico" surgiu na obra de Durkheim contextualizada na sociedade francesa do século XIX, na época com diversos problemas decorrentes de um frenético processo de industrialização e de drásticas alterações sociais consequentes desse mesmo processo (García-Pablos, 1988). Durkheim empregou então o termo para designar um estado social que apresentava drásticas e rápidas alterações, em termos econômicos e sociais. Nesse contexto, a sociedade não poderia se ajustar tão rápida e eficazmente às mudanças sofridas e aos novos padrões estabelecidos, pelo que se verificaria uma fragmentação social de sociedades assentes na liberdade total de estabelecimento de relações de trabalho, com consequentes crises existenciais, descontrole e insatisfação (Meireles, 2004).

De acordo com Durkheim (1976), as sociedades constituem-se de indivíduos que apresentam divergências, algumas mais notórias e outras menos marcantes, em relação ao coletivo social. Assim sendo, é evidente que entre essas discrepâncias nasçam as que levam ao crime. Então, o que confere caráter criminoso a um dado comportamento, não serão tanto as características intrínsecas do ofensor, mas as definições que são atribuídas aos seus comportamentos, por parte do coletivo social.

Pode-se afirmar que a anomia foi uma ideia concebida para designar/caracterizar a deficiência de regulação social em organizar uma cooperação entre funções especializadas, nomeadamente no contexto das relações de trabalho. Além disso Durkheim, referindo-se ao suicídio, distinguiu entre o suicídio egoísta e o anômico. Assim, a *anomia aguda* remeteria para um período transitório em que se verificasse a ausência de normas reguladoras dos comportamentos ou o défice das regras necessárias e adaptadas a uma situação nova. Já a *anomia crônica* relacionar-se-ia com a cultura ou a sociedade em que, prevalecendo a ideologia do progresso a todo o custo, não permitiria a adequação atempada das pessoas ao corpo de normas reguladoras instituído. Quer a anomia aguda, quer a crônica, produziriam o mesmo efeito, num clima em que se instalariam as consequências da inexistência de limites reguladores das condutas (Besnard, 1993).

Como antes referido, e de acordo com Durkheim (2007, [1928]), o desvio está implícito na organização social e moral, de tal modo que o termo resulta relativo numa sociedade pluralista. É um processo que começa pela afinidade e continua pela afiliação. Quer dizer, converte-se na prática de uma nova conduta, já estabelecida por outros. Esse processo tem-se modificado no sentido de que já não supõe um contágio, próprio de uma perspectiva patológica, mas se produz por convicção. Por isso, Sutherland (1949) rechaça a ideia de predeterminação, pois o ato de desviar-se depende do prévio processo de converter-se.

Estar disposto não é a mesma coisa que estar predisposto, eis que a afinidade permite a autodeterminação. O sujeito pode aceitar o reclame ou recusá-lo. Segundo Matza (1981), no processo de desviança nada ocorre nas costas do sujeito ou apesar dele. Uma vez realizado o ato criminoso, o autor assume a identidade de delinquente.

O indivíduo pode neutralizar os valores normativos:
1) através de tradições subterrâneas que, presentes na cultura convencional, nutrem as subculturas desviadas;
2) mediante técnicas de utilização das escusas legais, tais como a ocultação e a responsabilidade do dano, da vítima, da generalização das injustiças dos sistemas, da idealização das lealdades superiores.

Ainda de acordo com Matza (1981), pertencer a uma subcultura por si só não explica a comissão do delito, pois o fato criminoso depende da vontade do indivíduo.

Não se pode esquecer, todavia, que o método de detecção do delito começa sendo sempre um processo de suspeita, que marca o "marginado", inclusive retroativamente, dotando-o de uma identidade criminal, mesmo depois de cumprida a sanção. Dentro desse contexto aparece como uma pessoa assinalada como diferente, tese do positivismo-naturalismo, que se centra no ator mais que sobre o próprio ato, afirmação patologicista desmontada por Matza (1981).

Assim, e na sequência do que até aqui foi referido, no âmbito da Criminologia as perspectivas da anomia baseiam-se nos determinantes consequentes de um estado de desorganização social, e encontram a sua expressão em diferentes autores que resgataram esse conceito, dos quais se destaca Merton, com sua própria interpretação da ideia de anomia (Orrù, 1991).

4.1.1. As comunidades anômicas – Merton

Para Merton, haveria uma tendência para atribuir os problemas sociais aos défices de controle sobre os impulsos biológicos dos indivíduos. Porém, entendia ele que as diferentes frequências de comportamentos desviantes e as diversas formas daqueles se manifestarem estariam associados às diferenças existentes ao nível das estruturas sociais (García-Pablos, 1988).

Assim, procedeu a uma adaptação do conceito de anomia, anteriormente proposto por Durkheim num artigo publicado em 1938, e explorou as variantes do desvio e as suas formas de manifestação em diferentes sociedades, assim como também dentro de cada uma delas. Segundo esta perspectiva, a anomia seria um estado resultante das tensões produzidas pelos objetivos valorizados por determinadas culturas, num clima favorecedor da prática criminosa (Reines, 2007).

Merton sustentava que a sociedade e a sua estrutura seriam os elementos que detinham as condições que, eventualmente, poderiam encorajar os indivíduos no sentido desviante (Gonçalves, 2008). Evidentemente, procurava essencialmente averiguar a forma como determinadas estruturas sociais poderiam exercer pressões sobre certas pessoas que, não se enquadrando em um padrão de conformismo, poderiam enveredar pela manifestação de comportamentos criminosos. Merton centrou-se particularmente na discrepância entre os fins socialmente valorizados e os meios social e culturalmente definidos como disponíveis. Esse seria o ponto central e a origem da instalação da anomia que, por sua vez, potenciaria a prática do crime (Glick & Miller, 2008). Assim sendo, o fenômeno do crime teria como base os padrões culturais prevalentes em sociedades que valorizavam e até cultivavam imagens de sucesso, que apenas seriam alcançáveis por via de uma competitividade feroz, para a qual nem todos teriam reunidas as condições necessárias. Aqueles a quem faltassem essas condições, poderiam procurá-las por vias ilícitas, preenchendo, por assim dizer, a distância entre as metas, iguais para todos, e os meios, sempre escassos.

Indubitavelmente, nessa perspectiva pode-se verificar uma exacerbada valorização de objetivos que se relacionam com a obtenção de um estatuto associado a um bom emprego e a condições pessoais económicas que propiciem a manutenção de um determinado estilo de vida. Não obstante, os meios legítimos para alcançar tal estatuto não são acessíveis a todos os indivíduos. Então, estariam criadas as condições para a instalação de uma discrepância entre o estatuto social e culturalmente valorizado, que, sendo ambicionado por todos, seria inacessível para muitos, pelo menos por vias legais. Ora, essa discrepância estaria na origem de uma contradição entre o que é socialmente desejável e os meios normativos para concretizar tais objetivos. Perante tal contradição criada pela própria estrutura social, haveria indivíduos que optariam por alcançar o estatuto ambicionado por meios ilegais (Guenther, 1976). Dito de outra forma, os sujeitos que não acedessem a meios legais para atingir as metas socialmente valorizadas, acabariam por fazê-lo por caminhos violadores das normas e, não raras vezes, por meios criminosos.

Na verdade, nas sociedades em que se verifica essa discrepância entre os fins mais valorizados e meios legais para os alcançar, encontra-se uma desigual distribuição de recursos e de possibilidades para aceder a um estatuto socialmente desejável. A situação contraditória que daí decorre leva a que certos indivíduos passem a atribuir a concretização de certos objetivos a fatores externos, que não se prende com empenho, mérito ou esforço. Então, a norma social esvazia-se de sentido, uma vez que a vida desses sujeitos é por eles percebida como sendo regida pela sorte ou pelo azar, em uma vida em que não há lugar para as normas. Evidentemente, o corpo de normas deixa de ser o referencial para esses sujeitos que, estando socialmente mais fragilizados, deixam de acreditar nos valores normativos. Dessa forma, instala-se a anomia no indivíduo, devido ao estado também anómico de uma sociedade geradora de desigualdades sociais e económicas, e potenciadora de tensões sociais de que o crime é um dos exemplos (Born, 2005).

4.1.2. Desigualdade de oportunidades – Cloward & Ohlin

Cloward e Ohlin contribuíram marcadamente para o desenvolvimento da Criminologia com a sua perspectiva baseada na ideia das subculturas e centrada nas características de uma sociedade de assimetrias, em termos de oportunidades de acesso ao estatuto socialmente valorizado pela sociedade. De acordo com García-Pablos (1988), trata-se de uma abordagem mais "matizada", que abarca a tradição ecológica e a perspectiva da aprendizagem social, integrando as vertentes da anomia e das subculturas. O conceito de subcultura emergiu com o propósito de explicar o comportamento desviante de determinados indivíduos, mais precisamente, de jovens originários de classes sociais desfavorecidas.

Na perspectiva desta abordagem, conhecida por teoria da oportunidade diferencial, um grande número de jovens, sendo proveniente de classes desfavorecidas em termos sociais e econômicos, debate-se com dificuldades para alcançar o sucesso desejado, logo desde a idade escolar. Partindo de abordagens anteriores como a de Merton, Cloward e Ohlin alegaram que muitos desses jovens, originários de classes desfavorecidas, adeririam a uma subcultura específica e desviante, como resposta às dificuldades que encontravam numa sociedade em que não acediam a oportunidades de sucesso (Musick, 1995). Assim, o crime dependeria da estrutura social e das oportunidades que o meio proporcionasse aos indivíduos. Essas oportunidades poderiam ser legais ou ilegais e estariam disponíveis no ambiente social a que pertencesse o sujeito. Então, haveria uma dinâmica entre oportunidades legais e ilegais, e dessa dinâmica poderia resultar a adesão do sujeito a comportamentos delinquentes (Bursik Jr. & Grasmick, 1996).

Segundo essa abordagem, os indivíduos das classes mais desfavorecidas, não acedendo aos meios legais para obter sucesso, deveriam ter também oportunidades para alcançar esse sucesso no seio de uma subcultura desviante. Assim sendo, a adesão do indivíduo ao desvio seria função não apenas da pressão exercida sobre ele nesse sentido, como também do seu acesso a oportunidades ilegítimas.

Não obstante, esses indivíduos deveriam reunir condições para aceder a essas subculturas e para integrá-las (Guenther, 1976). Por outro lado, o acesso e a plena integração em tais subculturas não se apresentam fáceis e imediatos. De fato, se a subcultura dominante fosse uma *subcultura de conflito*, verificar-se-ia uma valorização de requisitos como a destreza física e as aptidões para a violência e, certamente, a ausência de tais características seria vista como uma impossibilidade de integração do sujeito. Nesse caso, o jovem não acederia a oportunidades para praticar ações desviantes. Se a subcultura dominante fosse uma *subcultura de alienação*, colocar-se-ia a exigência de adesão ao consumo de drogas. Já no caso de se tratar de uma *subcultura criminal*, o indivíduo poderia integrar esse grupo se reunisse condições para ingressar num estilo de vida criminoso e, uma vez reunidos os requisitos necessários, ele passaria a ter acesso a uma vasta gama de oportunidades criminais (Gonçalves, 2008).

Em outras palavras, a versão mais pontual da teoria da tensão encontra-se o modelo dos bandos delinquentes de Cloward e Ohlin (1960). Da mesma forma que Merton (1938), esses autores pressupõem que a ética do sucesso seja aceita por todos, mas as oportunidades desse sucesso não estão igualmente distribuídas na estrutura de classes. Ao estudar a delinquência juvenil, sustentaram que a origem da subcultura delinquente está na frustração experimentada pelo fracasso no intento de ascensão social e em atribuir a causa desse fracasso mais ao sistema social do que a si mesmo. Perceberam que os jovens de raça negra e de classes inferiores aspiram às mesmas metas que os brancos e os ricos, sofrendo, entretanto, maior frustração.

Da mesma maneira como há diferentes acessos aos meios legítimos para alcançar as metas comuns, existem também vários meios ilegítimos e frustrações distintas. Se os membros dos grupos delinquentes buscam ganhos materiais, a resultante será uma *subcultura delinquente* que busca seus fins através da apropriação de bens materiais por meios ilegítimos; enquanto na *subcultura do conflito* a tônica será a violência, a obtenção do prestígio mediante o emprego da força; e na *subcultura da evasão ou da retirada* predominará, depois de haver fracassado o roubo, a violência e a internalização da frustração, o refúgio no consumo de drogas, que Kalina (1997) denominou projeto de morte.

4.1.3. As subculturas desviantes – Cohen

O conceito de subcultura, já anteriormente referido, foi explorado por Cohen na sua obra datada de 1955 (*Delinquent boys*). Nessa publicação, apresentou as razões pelas quais considerava que os jovens das classes desfavorecidas aderiam mais frequentemente ao desvio. Também referiu que esses jovens seriam impedidos pela estrutura social de aceder a uma situação confortável por vias legais, pelo que acabariam por experienciar um estado de frustração e um conflito com a cultura normativa (García-Pablos, 1988).

A delinquência, portanto, é o produto da tensão que se estabelece a partir do impedimento para atingir essas oportunidades. Os bandos juvenis formam-se especificamente nas áreas onde as oportunidades legítimas são mais limitadas. Por exemplo, supõe-se que os membros da subcultura criminal sejam jovens racionais e inteligentes, que cometem ações delinquentes para obter bens materiais e *status* social.

Feita essa digressão, na qual retomamos a título de explicitação e discussão alguns pontos que já haviam sido anteriormente expostos, impende retomar a questão para salientar que Cohen, em 1958, observou que, em Chicago, o consumidor de drogas era valorizado e conquistava um estatuto de prestígio no seio do grupo desviante prevalente, enquanto em Nova Iorque o consumo de drogas constituía motivo para afastar o indivíduo da subcultura dominante. Estas observações vão ao encontro das diferenças entre as subculturas apontadas por Cloward e Ohlin (Born, 2005). Aliás, também Cohen constatou a representação marcada, em termos de criminalidade, dos jovens provenientes de classes sociais desfavorecidas, pelo que desenvolveu uma teoria a respeito do fenômeno que, sem sombra de dúvida, continua a ser associado à (des)organização social.

Assim, a teoria da tensão é apresentada por Cohen, que sustenta que toda ação de um indivíduo é uma tentativa para se adaptar, sendo que a formação de gangue, como se verá mais adiante, é uma resposta coletiva diante da frustração do *status*. Enfatiza a questão da escola como instituição da classe média, onde o êxito e o *status* se medem por certos critérios. As crianças pobres em geral fracassam, experimentando a frustração de *status*. A solução é a cultura de bando, na qual se consegue *status* por meio da adesão a valores contrapostos ao da escola. Daí o que se denomina teoria da reactância, uma delinquência agressiva, não utilitária, que se apresenta como um fenômeno de grupo, marcada por um hedonismo imediatista, que busca o prazer "agora mesmo", com significativa desproporção entre o comportamento-resposta e o valor simbólico o qual expressa[4].

Nesse traçado, as subculturas se formam porque as aspirações de alguns se frustram em razão da estrutura da sociedade. Os valores da classe pobre têm uma forte conotação de violência, que parcialmente os diferencia dos valores gerais, e que o comportamento delinquente advém da incapacidade do indivíduo de alcançar os símbolos de triunfo característicos da classe média. A subcultura criminal toma as normas circundantes e as subverte.

Há três modalidades de inadaptação:
1) college boy (adaptação) – aceita a separação entre meios e metas;
2) corner boy (pacto ou transição) – o objetivo é o prazer imediato;
3) delinquent boy (rebelião) – o conflito com as normas sociais opera uma inversão da escala de valores e o indivíduo adota a sua antítese, desenvolvendo, em consequência, uma atitude agressiva.

Os subculturalistas puros afirmam que as aspirações da classe pobre são diferentes das aspirações da classe dominante. Baseando-se na teoria marxista do conflito de classe, a delinquência poderia ser vista como um fracasso da classe dominante que, ao invés de reconhecê-lo, proje-

---
[4] Pode-se ver aí um paralelo do delinquente persistente de que trata Moffitt, 1993 e 2002.

ta-o sobre o delinquente. A delinquência, assim, pode ser um produto da ordem estabelecida. Só com o colapso da sociedade capitalista e a criação da sociedade socialista haveria solução, pois o crime é fruto da sociedade capitalista ou de suas reminiscências históricas (teoria dos rudimentos), ou ainda de um mimetismo dos modelos imperialistas existentes (teoria da desviação ideológica). Por outro lado, as investigações norte-americanas, em que frequentemente aparecem as expressões conduta desviada ou conduta antissocial, irão insistir na desorganização social como causa da delinquência.

Por fim, embora muitos teóricos sustentem haver incompatibilidade entre as linhas do controle, do desvio cultural e da tensão, alguns estudiosos iniciaram uma tentativa de síntese, sugerindo que essas teorias não são contraditórias, mas complementares.

Sutherland (1949, 1970) chegou a debater a questão do sistema individualista, enfatizando a teoria das diferenças individuais. Porém, em estudos levados a cabo juntamente com Cressey, depois da II Guerra Mundial, reaparece a explicação do conflito cultural. Uma dessas culturas, predominando na sociedade, dita os valores fundamentais, aos quais deve aderir à cultura minoritária sob pena de configurar condutas que serão declaradas antissociais.

Já insinuada pelos subculturalistas e por Sutherland (1949, 1970), aparece a teoria da associação diferencial e da aprendizagem (Sutherland & Cressey, 2006), segundo a qual a conduta delitiva não é uma reação frente ao conflito social ou a aspirações frustradas, mas resultado da aprendizagem. O crime é aprendido através de associação de padrões antissociais. A conduta desviada adquire-se através de um processo de aprendizagem, em que a associação diferencial ocorre. Assim, a conduta adaptada ocorre mediante um processo de associação com indivíduos adaptados, e a conduta inadaptada por um processo de associação com sujeitos que mostram um comportamento antissocial. O indivíduo assimila as pautas de conduta dos que o rodeiam, sendo a delinquência a supremacia das atitudes de violação à lei. A interação com pares antissociais aparece como a maior causa do crime, e o comportamento criminoso será repetido e se tornará crônico se for reforçado. Em consequência, quando existem subculturas desviantes, muitos indivíduos poderão aprender a cometer delitos naquele meio, e as taxas de criminalidade tendem a aumentar.

Cohen, em sua concepção, teceu críticas a outras abordagens que, do seu ponto de vista, necessitavam estabelecer uma clara diferenciação entre o que se poderia interpretar por cultura e por subcultura. Assim, entendeu fundamental procurar captar o que se passava no seio das subculturas desviantes, para que se pudesse aceder às características dos que praticavam crimes e às particularidades dos contextos em que esses indivíduos se inseriam (Morrison, 1995).

De fato, Cohen também verificou que os jovens com origem em classes desfavorecidas revelavam estar parcamente equipados de recursos, pelo que se tornava mais difícil a competição exigida no mundo normativo, quer no contexto escolar, quer no âmbito do trabalho. Então, esses indivíduos apresentariam uma clara desvantagem, quando comparados com as crianças das classes média e alta. Assim, esses jovens, numa posição francamente desvantajosa relativamente aos demais, teriam de competir em um mundo de exigências, muito embora não dispusessem das mesmas oportunidades e de iguais condições para o fazer. Dessa forma, restavam sem oportunidade de acesso a aspirações mais elevadas e, consequentemente, esses adolescentes acabariam por se sentir compelidos a desenvolver e a implementar as estratégias competitivas adquiridas no meio onde viviam. Ora, através da adesão a uma *subcultura delinquente*, os jovens aprenderiam e desenvolveriam atividades desviantes, que poderiam possibilitar o acesso ao estatuto por eles ambicionado, mas por vias opostas às normativas (Guenther, 1976).

Efetivamente, as subculturas desviantes irão se constituir através da instalação de um estado de desorganização social, o qual prevaleceria nos meios menos favorecidos. Os membros dessas comunidades, de um modo geral, padeceriam de dificuldades comuns (Agra & Matos, 1997), num estilo de vida em que os problemas se iniciariam muito cedo. A partir das suas observações, Cohen definiu as principais características associadas a uma subcultura desviante (Glick & Miller, 2008):

1) A subcultura delinquente constitui uma solução oferecida como resposta aos problemas com que se confrontam os indivíduos de classes desfavorecidas. Esses problemas estão associados ao seu estatuto e às frustrações decorrentes da dificuldade em alcançar o sucesso conquistado pela classe média;

2) Os jovens provenientes das classes mais desfavorecidas aspiram alcançar o estilo de vida e as metas tipicamente ambicionadas pela classe média, mas as suas experiências precoces não lhes proporcionam preparação e recursos para competir, quer na escola, quer em outros contextos sociais;

3) Os jovens das classes desfavorecidas são submetidos a avaliações cujos critérios e parâmetros são definidos em função da classe média. Acontece que esses adolescentes não apresentam antecedentes que os tenham enriquecido com recursos que lhes permitam alcançar os mesmos padrões de sucesso da classe média;

4) A discrepância que se instala entre o que é valorizado socialmente e a impossibilidade de o alcançar, devido a claras desvantagens, conduziria os jovens mais desfavorecidos desenvolver sentimentos de frustração. A forma desses adolescentes lidarem com tais sentimentos é exteriorizada no desenvolvimento de respostas delinquentes, com negação dos padrões comportamentais da classe média. Assim, esses indivíduos estarão vulneráveis para integrar uma subcultura delinquente;

5) Essa subcultura delinquente proporcionará para esses adolescentes novas formas de aceder a um estatuto, enquanto membros integrantes de uma *gang* (uma gangue);

6) A subcultura delinquente não refuta totalmente os padrões da classe média, pelo que os jovens delinquentes tendem a ingressar em um estado de ambivalência;

7) Essa subcultura resolve o dilema instalado no sujeito, através do desenvolvimento de técnicas de neutralização, em que as ações delituosas praticadas são alvo

de racionalizações conducentes à sua minimização e até a neutralização das suas consequências.

Assim, as subculturas desviantes estariam assentes em grupos ou *gangs* (gangues), que se constituiriam a partir da desorganização social instalada entre aqueles que, provindo de classes desfavorecidas, não encontravam oportunidades de sucesso na sociedade normativa, procurando nessas subculturas as repostas de que precisavam. Efetivamente, outros autores como Miller referem o desfavorecimento econômico como um fator implicado na adesão a esses grupos, cujos membros partilham os problemas e os focos de preocupação que contribuem para uni-los.

4.1.4. As subculturas de pobreza – Miller

Os trabalhos desenvolvidos por Miller na década de 60 do século passado levaram-no a várias conclusões em relação ao crime praticado por jovens que, pertencentes a classes sociais desfavorecidas, integrariam as chamadas *gangs* (gangues). Seus estudos se focalizaram no estilo de vida adotado por esses sujeitos, bem como nos seus valores e na sua proveniência (McShane, 2003).

Para Miller, a delinquência juvenil não partiria da rejeição relativamente aos valores das classes média e alta, mas assentaria em uma cultura típica das classes desfavorecidas que possuiriam um referencial de valores próprio. Esse conjunto de valores poderia ser instalado como resposta alternativa aos problemas presentes na vida desses mesmos indivíduos, e seria a adotada pelas *gangs* (gangues) que, afinal, seriam a expressão de uma cultura própria das classes mais baixas (Adler, Mueller e Laufer, 2004). Segundo esta lógica, referidas classes em clara desvantagem integrariam uma cultura típica que, mediante processos de estratificação social, seria caracterizada pela homogeneidade e tenderia para a autonomia relativamente à cultura dominante. Nesse contexto, as interações estabelecidas deveriam se opor às observáveis em outras classes sociais, havendo tendência para que se valorizassem aspectos particulares denominados *focal concerns*, os quais passam a ser sumariamente descritos (Glick & Miller, 2008; Gonçalves, 2008):

1) *Trouble concerns*, que se relaciona com preocupação centrada no evitamento de distúrbios ou, pelo contrário, num padrão comportamental de aproximação a esses distúrbios;

2) *Toughness concerns*, que se associa a uma postura centrada na necessidade de evidenciar uma dureza de caráter acompanhada de uma atitude de força perante a vida;

3) *Smartness*, que se revela como indicadora de uma constante atenção ao desenvolvimento de competências para enganar e para manipular o outro, sem contudo se deixar cair no engano e na manipulação;

4) *Excitement*, que se relaciona com a procura de estados de excitação, frequentemente alcançados através do consumo de substâncias psicoativas;

5) *Fate*, que associa a um sentido de destino e de predeterminação, com um *locus* causal essencialmente externo;

6) *Autonomy*, que se liga a uma atenção constante, em que os sujeitos têm a percepção de que estarão constantemente sob controle e vigilância por parte das autoridades.

Evidentemente, o estado anômico em que se encontram determinadas comunidades e o idêntico estado que se instala em muitos adolescentes que se vêm privados de iguais oportunidades para alcançar uma vida de sucesso, contribuirão para que se edifiquem subculturas desviantes que funcionarão como a resposta alternativa aos anseios e às necessidades desses jovens que acabam por aderir a *gangs* (gangues). No entanto, o *gang* (a gangue) não é um fenômeno recente, na medida em que podemos considerar que, há mais de 100 anos, os grupos de piratas representavam uma das primeiras formas de *gang* (gangue). Trata-se, portanto, de um problema que pode ter se intensificado como uma forma de salvaguardar territórios, relativamente a vizinhanças rivais e que, com o tempo, foi se adaptando e se revelando através da criação de diferentes configurações (Douglas, Burgess, Burgess & Ressler, 2006).

4.2. Sobre as *gangs* (as gangues) e a sua tipologia

A realidade das *gangs* (das gangues), como há pouco se referiu, não é um fenómeno, embora esse grupos tenham se transmutado, passando de estruturas pouco unidas e inconsistentes para grupos mais estáveis e estruturados, muitas vezes associados com o crime organizado.

Uma *street gang* consiste numa organização, associação ou grupo constituído, formal ou informalmente, por três ou mais pessoas que assumem, conjuntamente, a sua atividade principal no âmbito antissocial e/ou no mundo do crime, incluindo a prática de homicídio (Douglas, Burgess, Burgess & Ressler, 2006).

No que se refere às *gangs juvenis*, até o momento, parece não haver uma definição precisa e consensual (Duffy, 2004). Na verdade, tudo parece indicar que o único ponto consensual consiste na associação de tais grupos a atividades ilegais e, na verdade, a confusão é tão grande a respeito desta definição que alguns preferem não utilizar o termo, alegando sua imprecisão e seu aspecto semiótico agregado ao estigma, ao contrário de outros que consideram que, de uma maneira geral, todos entendem e sabem perfeitamente o que é uma *gang* (uma gangue). Acrescente-se que mesmo quando algumas definições parecem clarificar satisfatoriamente o conceito, outras vão se revelando necessárias para complementar as anteriores, quer pelas mudanças intercorrentes do fenómeno em si, quer pelas exigências que se colocam a partir das próprias tentativas de clarificação (Ball & Curry, 1995).

A propósito, Klein apresentou uma definição em 1971, afirmando que a *gang* (a gangue) consiste num grupo de adolescentes que apresenta determinadas características, sendo reconhecido como *gang* (gangue), tanto interna quanto externamente, e praticando atividades delinquentes suficientes para provocar respostas consistentemente negativas por parte da vizinhança e das forças policiais. Mais tarde, Miller afirmou que a *gang* (gangue) seria uma associação de pares, unidas por interesses comuns, com um líder reconhecível e funcionando por linhas claras de autoridade e de organização. Esse tipo de grupo se propõe a alcançar certos objetivos de que fazem parte comportamentos desviantes e ações ilegais, bem como o controle sobre um determinado território ou empreendimento (Klein & Maxson, 2006).

Apesar destas dificuldades em definir consensualmente o conceito de *gang* (gangue), é possível proceder a uma clarificação do fenómeno por via da caracterização de uma definição que reúna diversos aspectos em um conjunto de elementos que mais frequentemente se apresentam no designado *gang* (gangue). Assim, a *gang* (a gangue) pode ser considerada efetivamente uma subcultura (Barata, 2004), em relação à qual se costumam reunir as seguintes características (Cusson, 2005):

1) Presença de uma marcada representação de minorias étnicas e de imigrantes nos grupos que se constituem como *gangs* (gangues), sendo que a média de idades dos sujeitos que integram o grupo gira no entorno dos 18/19 anos, predominantemente do sexo masculino, a que se reúnem alguns adultos;

2) Trata-se de pequenos grupos sem estruturação e constituídos por equipes de pares, em que não existe um chefe reconhecível e indiscutível, e em que a capacidade de ação conjunta se revela medíocre (Spergel, 1990);

3) Pode-se assinalar que a *gang* (a gangue) apresenta uma reduzida coesão, que termina por ser subsidiada pelo sofrimento decorrente do envolvimento criminal dos que integram o grupo, pela luta entre *gangs* (gangues) e pelo esforço diário investido em torno de símbolos de pertencimento dessa união (Spergel, 1990);

4) Geralmente, cada *gang* (gangue) detém uma base territorial que é defendida relativamente a possíveis intrusos, especialmente em relação a membros de outras *gangs* (outras gangues) (Spergel, 1990);

5) A presença e a dimensão da *gang* (da gangue) são variáveis, não se verificando a clara definição de uma estrutura interna, nem a consistente observância de regras por parte dos seus membros, que nem sempre perseguem os mesmos objetivos;

6) É possível se constatar uma grande versatilidade criminal nestes grupos, assim como uma maior

tendência para a violência nos membros das *gangs*, comparativamente aos delinquentes que não pertencem a nenhum grupo (Thornberry, Krohn, Lizotte & Chard-Wierschem, 1993).

Efetivamente, pode-se afirmar, conforme Thrascher referiu em 1927, que a *gang* surge dos "interstícios" da sociedade em que se evidencia um "vazio institucional", que conduz a que os adolescentes não sejam alvo de um processo de socialização adequado (Cusson, 2005). A caracterização da *gang* não só possibilita uma melhor definição do fenómeno, como propicia a oportunidade de identificação de diferenças entre as diversas *gangs* em vários níveis. Assim, Klein e colaboradores identificaram cinco tipos diferentes de *gangs*, atendendo a critérios específicos, como a dimensão do grupo, a sua duração e a idade média dos seus membros. As *gangs* identificadas foram as seguintes: 1) o *traditional gang;* 2) o *neotraditional*; 3) o *compressed;* 4) o *collective gang* e 5) o *speclalized gang* (Lien, 2005).

De acordo com essa categorização, o primeiro tipo, designado por *traditional*, corresponderia aos grupos constituídos há 20 anos ou mais, que se regenerariam regularmente e que integrariam diferentes subgrupos, geralmente definidos em função da idade. Neste tipo de *gang*, a amplitude de idades seria particularmente elevada, com membros que poderiam variar dos 9 aos 30 anos. Existiriam grupos com um elevado número de membros que poderiam atingir a casa das centenas de participantes. A modalidade do *neotraditional gang* seguiria os moldes do tipo anterior embora não apresentando um período tão longo de existência constituída. À semelhança do tipo *traditional*, também o *neotraditional* evidenciaria um forte sentido de territorialidade (Lien, 2005).

No referente ao *compressed gang*, a sua dimensão seria consideravelmente menor do que os modelos anteriormente apresentados, rondando a meia centena de membros cuja amplitude de idades seria também menor, girando em torno dos 10 anos de idade. O período de existência deste tipo de *gang* também seria muito inferior, raramente ultrapassando a dez anos. Alguns destes grupos acabariam por se definir em termos territoriais, mas isso não ocorreria com todos. O *collective gang* assemelhar-se-ia, na sua estrutura, ao tipo anterior, mas apresentaria uma amplitude de idades superior, à semelhança da sua dimensão, que poderia atingir uma centena de membros, sendo que a sua duração poderia alcançar os 15 anos (Lien, 2005).

O tipo *speclalized* seria, em regra geral, um grupo mais perigoso, organizando-se através de uma estrutura claramente criminal, mas menos diversificada do que o observável nos outros grupos. Seriam as *gangs* que se especializam em determinado tipo de criminalidade, como o tráfico/distribuição de drogas ou o roubo de automóveis, tendo uma duração relativamente curta e um número limitado de elementos, apresentando uma estrutura mais hermética (Klein, 2004).

De acordo com esta tipologia, parece haver evidências de que o tipo mais frequente, tanto nos Estados Unidos da América, quanto na Europa, é o *compressed gang*, que atua num estilo de elevada versatilidade criminal, seguido, pelo menos na Europa, do tipo *speclalized*. Saliente-se que, também na Europa, parece existir uma associação entre as *gangs* e a violência, muito embora os níveis e a gravidade da violência praticada seja inferior, quando comparada com o observado nos Estados Unidos. No Brasil, as gangues rivalizam entre si, ocupando espaços de domínio em zonas de favela, conquistando pontos de comércio de drogas e se convertendo em grandes facções, que não raras vezes disputam o poder dentro dos próprios estabelecimentos prisionais, de onde, à distância, comandam ações criminosas internas e externas.

A propósito, veja-se, por exemplo, o que também se passa com jovens adolescentes e mesmo com crianças nas favelas do Rio de Janeiro, em particular no que diz respeito à adoção de comportamentos associados ao tráfico de drogas e a internalização de uma "ordem" diferente da ordem da cidade.

Em síntese, pode-se dizer que os elementos das *gangs* apresentam índices mais elevados de violência, manifestam-na em formas mais graves e estão mais preparados para recorrer a armas, comparativamente com indivíduos não membros de *gangs*. Além disso, a natureza da violência praticada pelas *gangs* pode ser diversificada e diferenciadamente motivada. Sem sombra de dúvidas, há uma influência clara da *gang* relativamente ao comportamento violento (Klein, Weerman & Thornberry, 2006).

Por fim, em dimensão menos relevante no que tange à intensidade da violência comumente praticada pelas gangues, e retomando-se um pouco o tema da denominação de grupos relacionados com a antissocialidade, cabe referir que, no Brasil, se assiste à formação de bandos de adolescentes que se autointitulam "bondes", sejam os que dançam nas festas e bailes *funk*, os que brigam na escola e os que agridem nas ruas; sejam os que, em nome de alguma afinidade ou vínculo, buscam obter, através desse comportamentos antissociais, alguma visibilidade, não raras vezes obtendo espaço nos meios de comunicação, especialmente na televisão, onde apresentam, por exemplo, músicas em cujas letras revelam o conteúdo violento de suas ações, apresentando ameaças ao *status quo* e sugerindo uma sexualização precoce e fácil. Mais recentemente ainda, a partir de mensagens divulgadas rapidamente nas redes sociais, particularmente pelo *facebook*, tem acontecido um movimento de reunião de grupos de adolescentes, denominado de *rolezinhos,* que, mesmo sem possuir uma bandeira ou uma causa clara e definida de contestação, promovem a desestabilização da rotina de comércio e lazer em *shoppings*, gerando insegurança, desordem e atos de vandalismo, não raras vezes com agressão também a pessoas.

4.2.1. Da organização em gangs (gangues) e do seu funcionamento

O tipo de crime, especificamente de homicídio, comummente praticado por *gangs* reflete a crescente organização desses grupos, alguns dos quais funcionando cada vez mais como criminosos "profissionais". Acrescente-se que um número progressivamente maior de homicídios realizados por *gangs* é motivado por disputas em torno de drogas, pela sua distribuição ilegal e pelos controles territoriais associados a tais mercados. Uma realidade também emergente é a participação ativa de mulheres em gangues,

(Douglas, Burgess, Burgess & Ressler, 2006), notadamente em regime coparticipativo com companheiros envolvidos com tráfico de drogas.

Na verdade, é imperativo ter em consideração que à medida que o Poder Público procura recursos para fazer frente a esse fenômeno, as *gangs* vão também criando novas e mais organizadas formas de atuação e de violência. Assim, as *gangs*, enquanto identidades coletivas, acabam por superar o Estado que, contrariamente a esses grupos organizados, esbarra em uma série de fatores limitativos, particularmente com obstáculos burocráticos de que as *gangs* não dependem, numa clara situação de vantagem (Marsden & Sher, 2007). Por um lado, é sabido que os *gangs* desenvolvem uma série de atividades que são realizadas dentro da lei e sem qualquer consequência danosa mas, por outro lado, também é verdadeiro que a vida dos membros que integram esses grupos é pautada por uma grande variedade de ações criminosas e que este constitui o escopo final das gangues. Evidentemente, o número de detenções e de prisões pode constituir um indicador da criminalidade praticada por estes indivíduos que, geralmente, iniciam nessas atividades muito precocemente (Decker & Winkle, 1996).

Também por esse envolvimento no mundo do crime, a realidade das *gangs* inclui uma gama variada de problemas associados, como a sua proliferação nas cidades, as atividades ilegais em que se envolvem, o papel desempenhado ao nível da violência e a sua participação em crimes contra a propriedade. No entanto, nenhum outro aspecto recebeu tanta atenção como o possível envolvimento das *gangs* na transação de drogas ilegais. Na verdade, há mesmo quem estabeleça uma relação causal entre o fenômeno das drogas e a emergência de *gangs* em certas cidades, por exemplo, dos Estados Unidos da América. Ora, para que detenham um controle sobre a distribuição de drogas, as *gangs* devem reunir certas características específicas, de que fazem parte uma estrutura bem organizada, uma hierarquia que inclua líderes claramente reconhecidos, a definição de diferentes papéis e regras a observar, o estabelecimento de objetivos partilhados pelos membros da *gang*, a presença de uma fidelidade à organização que se revele mais robusta do que a sentida em relação a subgrupos eventualmente existentes no seio da *gang* e, por último, a reunião dos meios para controlar e disciplinar os seus membros, bem como para garantir o cumprimento das metas estabelecidas (Decker & Winkle, 1994). Essa imagem da *gang* organizada é referida por alguns autores, como Mieczkaopwski em 1986, que apontou a elevada organização de *gangs* envolvidas na distribuição de drogas, mediante a coordenação de um líder que garante a observância de regras num regime de disciplina seguido pelos membros do grupo. Não obstante, essa ideia contrasta com as conclusões de outros autores que, à semelhança de Klein e colaboradores em 1991, concluem que a falha das *gangs* ao nível do controle da venda de drogas reside, precisamente, na ausência de uma estrutura suficientemente organizada e em que prevaleça a perseguição de metas comuns. Na verdade, pode-se considerar a existência dessas duas realidades, tendo em consideração as diferenças entre as *gangs* e entre as cidades em que esses grupos desviantes se movem e operam (Decker & Winkle, 1994).

No entanto, deve-se ter em atenção que, segundo a *National Alliance of Gang Investigators Associations*, algumas das mais conhecidas e organizadas *gangs* têm um envolvimento marcado nos mercados de drogas, havendo conflitos e até alianças estabelecidas entre eles (Kinnear, 2009). O certo é que a literatura tem demonstrado consistentemente a relação entre os membros de *gangs* e o envolvimento com substâncias ilegais (Bjerregaard, 2010).

Por outro lado, é necessário considerar que as necessidades/demandas dos consumidores de drogas requerem um mercado que lhes proporcione acesso fácil e aberto. Assim, esse tipo de mercado parece ser servido, mais por membros de *gangs* frouxamente organizados e que se dediquem a essa atividade de forma episódica, do que por grupos de estruturas consistentes e bem organizadas (Decker & Winkle, 1994). Efetivamente, e apesar de haver resultados contraditórios a esse respeito, vários pesquisadores apontam essa participação esporádica das *gangs* na venda de drogas (Coughlin & Venkatesh, 2003).

Na verdade, mesmo nos casos em que se verifica o envolvimento de uma *gang* na venda ilegal de drogas, isso não implica forçosamente que os seus membros sejam consumidores e/ou dependentes. Em determinados contextos, verifica-se que as *gangs* que participam ativamente em ações relacionadas com os mercados ilegais de drogas, não permitem que os seus membros se tornem consumidores (Kinnear, 2009). Não obstante, certas *gangs* apresentam-se ligadas, de forma mais ou menos marcada, com o uso de drogas. Exemplos disso são os resultados de alguns estudos muito recentes (Lanier, Pack & Akers, 2010) que referem taxas consideráveis de consumo de drogas por parte de certos jovens membros de *gangs*.

Outro dos fenómenos que se deve considerar no estudo das *gangs*, como antes já referido, associa-se à ocorrência de homicídios. Com efeito, em um número considerável de homicídios, parece haver algum tipo de relação entre a vítima e o suspeito. Ao contrário, na maioria dos homicídios associados ao fenómeno das *gangs*, a única interação entre vítima e ofensor parece ser a de ambos pertencerem a *gangs* rivais ou, quando muito, serem conhecidos desde o período escolar, mas terem ingressado em *gangs* diferentes (Watkins & Ashby, 2007). Este é outro desafio que se coloca, até porque se trata de um fenómeno muito presente também no contexto dos mercados de drogas ilegais. De acordo com a análise de Decker e Winkle (1996), dos membros de *gangs* é esperado que estejam sempre prontos e dispostos a participar em ações violentas, num funcionamento de permanente conflito, sendo frequente a sua morte por homicídio, razão pela qual se pode inferir que possuam uma expectativa mais abreviada do que os demais membros da população em geral.

Assim, o meio em que se movem aqueles que, de alguma forma, se associam a tais mercados ilegais e a esses grupos, apresenta características ligadas à competitividade e à resolução de conflitos por meios tão ilícitos quanto violentos. Isto porque as organizações implicadas nesses negócios não dispõem de meios legais para resolver as variadíssimas desavenças que aí se geram, escolhendo formas muito violentas de resolução de conflitos e de defesa dos seus interesses (Smith & Varese, 2001).

Alguns estudos (Lattimore, Linster e MacDonald, 1997) apontam especificamente para elevadas taxas de mortalidade por homicídio, entre jovens delinquentes. Efetivamente, a ocorrência de homicídios associados a *gangs* apresentava, já na década de 90 do século passado, em certas cidades dos Estados Unidos, proporções de epidemia, como afirmaram Hutson, Anglin, Kyriaucou, Hart & Spears (1995) a propósito do seu estudo realizado na Califórnia.

Mais recentemente, outras análises (Papachristos, 2009) continuam a reforçar a necessidade de se entender melhor o fenómeno das *gangs* e da violência, frequentemente associada a dinâmicas de poder entre esses grupos e, mais comumente do que seria estimado, ligada à ocorrência de homicídios. Deve-se ainda salientar que, segundo Fagan e Wilkinson (1998), a violência presente nas diferentes *gangs* constitui um fenómeno heterogéneo que não pode ser generalizado e, muito menos, homogeneizar-se o que se apresenta de maneira tão diversificada. Na verdade, a *gang* propicia um contexto social em que a potencial violência resulta de vários aspectos, como a luta pelas posições de poder dentro do próprio grupo, a disputa de territórios com outras *gangs*, os rituais de iniciação e de afastamento de membros, o alcance de determinado estatuto, a obtenção de benefícios materiais, a expressão de queixas e de discordâncias, a retribuição, a defesa pessoal e do próprio grupo, e o reforço da identidade coletiva do mesmo.

Por outro lado, parece haver uma relação entre a adesão a *gangs* e a vivência de situações de vitimização, ao mesmo tempo que os membros de *gangs* apresentam mais tendência para o porte de armas, para a prática de ações delinquentes mais violentas e, logicamente, evidenciam uma frágil vinculação à sociedade convencional (DeLisi, Barnes, Beaver & Gibson, 2009). Assim, pode-se afirmar que haverá o estabelecimento de uma ligação àquele grupo e, simultaneamente, pode se alegar também a fragilidade do laço social. Essa fragilidade do laço social será afetada por fatores relacionados com a vinculação às figuras parentais ao longo do processo de socialização como, aliás, já referido por vários autores.

4.3. Da avaliação à intervenção comunitária

Pelo que até aqui foi exposto, parece evidente que o problema da criminalidade, como o das subculturas que se geram como consequência da instalação da desorganização social e das assimetrias em termos de acesso a oportunidades de sucesso, reclama uma análise atenta e que integre as comunidades mais particularmente afetadas pelo fenômeno.

Evidentemente, não haverá possibilidade de intervir, nem sequer de prevenir, se não houver o cuidado de desenvolver uma boa avaliação. Para tanto, o modelo comunitário revela-se de central importância. Segundo Dalton, Elias e Wandersman (2012) pode-se entender que o modelo comunitário se baseia em valores fundamentais de bem-estar individual, integrado em um âmbito mais alargado, social e político, no qual se procura compreender o efeito das condições ambientais nos comportamentos das pessoas dentro de um esforço facilitador do ajustamento entre pessoas e meio, tendo em vista o aumento da qualidade de vida e a redução dos problemas da comunidade. É evidente que a consideração deste modelo implica, também, o desenvolvimento do chamado sentimento de comunidade, com uma ligação das populações à sua comunidade de pertencimento.

Por outro lado, e ainda de acordo com Dalton, Elias e Wandersman (2012), o modelo comunitário defende ainda a justiça social, de que se salienta a presença constante de preocupações com as questões da igualdade de oportunidades e da distribuição equitativa de recursos. Destacam ainda a necessidade de uma participação cívica com envolvimento das populações em processos de tomada de decisão relativos aos problemas comunitários a resolver. Logicamente, nada disto implica que não sejam respeitadas as diferenças, valorizando-se a diversidade entre comunidades e dentro de cada uma delas.

De acordo com o modelo comunitário, devemos considerar que o ideal será atender os passos sequenciais, que se apresentam na figura seguinte.

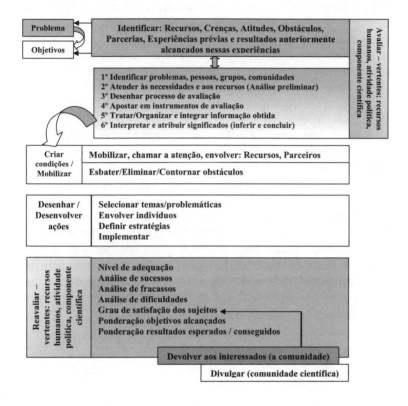

Figura 4.1. Etapas da avaliação/intervenção comunitária
(adaptado e ampliado de Nunes & Jolluskin, 2010).

Síntese do Capítulo VIII

Importou, neste último capítulo, reforçar a ideia de ligação forte entre as questões do desenvolvimento da delinquência e os aspectos associados à (des)organização social.

Passou-se posteriormente para o ideia de Durkheim que referia a explicação para o crime como residindo na sociedade em si. O indivíduo não seria mais do que o reflexo do mundo em que vive. Portanto, o crime decorreria da natureza humana, resultando das interações sociais e, por isso, seria absolutamente normal. Remete-se, aqui, para a anomia como conceito criado por Durkheim e, posteriormente resgatado por autores que, como Merton, destacaram a estrutura e organização das sociedades como detentores de elementos potencializadores do crime.

Assim, este capítulo abordou questões que se prendem com o estado anômico de certas comunidades em que se instala um clima favorecedor de ações criminosas, salientando-se os aspectos que geram as condições para a emergência de subculturas desviantes e, consequentemente, também implicadas no desenvolvimento de fenômenos, tão antigos como atuais, como o das *gangs* (das gangues). Para melhor se compreender o fenômeno do crime e os aspectos aqui debatidos é pertinente compreender a importância de se avaliar corretamente para melhor se intervir. Nesse contexto, sugerimos a adoção do modelo comunitário para nortear as ações de intervenção. O esquema que segue procura apresentar a síntese do capítulo, de forma integrada.

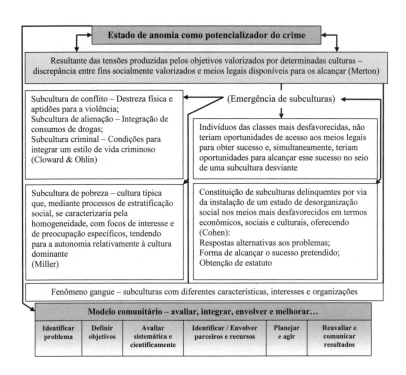

Figura 4.2. A desorganização social, a emergência de subculturas desviantes e a necessidade de avaliar para intervir.

Conclusão

O conteúdo deste livro integra o desenvolvimento do indivíduo que ingressa no mundo do delito, abarcando também a forma como o mesmo se envolve nesse estilo de vida. Fala-se, portanto, do envolvimento que vai ocorrendo ao longo do desenvolvimento biopsicossocial Por isso, seria de esperar que se iniciasse este trabalho com algumas das perspectivas que procuram explicar o processo de desenvolvimento de comportamentos delinquentes. Logicamente, tornou-se também importante abordar a forma como estes sujeitos se envolveram nesses comportamentos, se comprometendo com os meios e as subculturas associadas. Foram ainda exploradas abordagens sobre como se verifica a continuidade de condutas delituosas e como se vai instalando um estilo de vida próprio de quem adota essas condutas.

Ora, apelar ao desenvolvimento individual, e à forma como o mesmo pode resultar numa vida de delito, implica explorar as diferentes fontes de influência que vão se manifestando ao longo do processo de socialização. Uma das principais instâncias socializadoras consiste na escola, pelo que a mesma não poderia deixar de ser abordada, numa tentativa de a avaliar para melhor se proceder à orientação e à adequação do seu funcionamento. Aliás, se importa a análise do sujeito, é também crucial a avaliação do meio e da comunidade em que se insere aquele que comete crimes, bem como dos ambientes em que o individual toca o coletivo e é tocado por ele.

Não obstante a importância dos meios informais de controle social contemplados em algumas das teorias e dos modelos apresentados, o tema aqui explorado impôs também a necessidade de uma abordagem dos mecanismos formais de controle social, pelo que se apresentou uma análise sucinta ao papel das polícias, aos desafios que se colocam a essas instituições, e às formas de atuação que, na atualidade, essas forças procuram implementar. A esse propósito, foi sugerida uma forma de diagnosticar as comunidades mais problemáticas, reforçando-se a necessidade cada vez mais premente de se desenvolver uma colaboração entre as forças policiais e a ciência, numa vertente seguida por várias experiências feitas em contextos internacionais.

Evidentemente, ao referirmos os meios formais e informais de controle social, passou a fazer sentido focar a nossa atenção sobre os espaços físicos e a forma como a sua distribuição e a sua arquitetura podem afetar os comportamentos das pessoas e, porque não reconhecer, o seu próprio desenvolvimento. Na sequência da apresentação de alguns dos modelos que exploram esses aspectos associados à ocorrência criminosa, houve ainda necessidade de expor uma das formas de usar a planificação dos espaços urbanos de maneira a reduzir as probabilidades de oportunidade criminal. Mas, na verdade, todas essas medidas se tornam infrutíferas se não se procurar a manutenção da ordem social, num regime mais estruturado de funcionamento. Portanto, tornou-se também relevante explorar as teorias que se baseiam na desorganização social para procurar uma explicação para o crime.

As questões políticas, econômicas e culturais estão implicadas em todos os processos sociais e, logicamente, afetam também o fenômeno da criminalidade. As comunidades mais problemáticas encontram no seu funcionamento social e nas interações aí estabelecidas, um terreno fértil para a manifestação de comportamentos delinquentes e para a instalação de grupos cuja organização é orientada para a prática criminosa. Assim, as *gangs* (ou as gangues) foram também referidas e apresentadas sumariamente no último capítulo deste livro.

O que se pode fazer para atenuar este problema? Não haverá, certamente, uma fórmula que integre todos os fatores nele implicados, mas pode atender-se à multiplicidade de elementos envolvidos, à necessidade de elaborar planos de atuação cientificamente fundamentados e, logicamente, envolvendo equipes multidisciplinares que, em regime de complementaridade, podem alterar o estado em que se encontram determinadas comunidades. Para além das análises da família, a qual carece frequentemente de intervenção, deve apostar-se na escola, atendendo às especificidades de cada um dos contextos escolares, não esquecendo a avaliação comunitária, que permitirá o desenho de planos de atuação adequados a cada comunidade particular, com os seus problemas, necessidades e recursos específicos.

O não esquecimento dos recursos de que se pode dispor é fundamental para se proceder a intervenções adequadas e com mais probabilidades de sucesso. Por outro lado, o século XXI impõe uma nova postura às forças policiais, bem como aos cidadãos, de maneira a que se unam esforços e conhecimentos para combater um fenômeno cada vez mais preocupante. Vive-se uma época de drásticas mudanças, pelo que se impõe a abertura necessária para criar condições de mudança também ao nível do combate ao crime e da sua prevenção. A heterogeneidade das populações que habitam as cidades contemporâneas, a par dos intensos movimentos de pessoas que, diariamente, se movem à sombra da globalização, exigem novas posturas e novas soluções para os desafios, cada vez maiores, que se aproximam. Por isso, é chegado o momento de abandonarmos posições fechadas, para cruzarmos saberes entre diferentes áreas das Ciências Sociais, e entre o que se investiga nas Universidades e o que se transpõe para as ruas das modernas cidades. Fala-se da nova geração de abordagens, no caminho da integração e dos esforços multidimensionais e multidisciplinares.

Referências

Adler, F., Mueller, G. & Laufer, W. (2004). *Criminology and the criminal justice system* (5ª ed.). New York: McGraw Hill.

Agra, C. & Matos, A. (1997). *Trajectórias desviantes*. Gabinete de Planeamento e de Coordenação do Combate à Droga.

Alvarez, M. (2004). Controle social: notas em torno de uma noção polémica. *São Paulo em Perspectiva, 18* (1), 168-176.

Anderson, S., Sabatelli, R. & Kosutic, I. (2007). Families, urban neighborhood youth centers, and peers as contexts of development. *Family Relations, 56* (4), 346-357.

Arrington, R. (2007). *Crime prevention: the law enforcement officer's practical guide.* London: Jones and Bartlett Publishers.

Ball, R. & Curry, G. (1995). The logic of definition in criminology: purposes and methods for defining "gangs". *Criminology, 33* (2), 225-245.

Barata, M. (2004). Compreensão e responsabilidade: uma digressão pela criminologia. *Interacções, 6,* 9-38.

Bayley, D. (2006). *Padrões de policiamento* (2ª ed.; R. Belmonte, Trad.). São Paulo: Editora da Universidade de São Paulo. (Original publicado em 1985).

Beato, C. (2000). Determining factors of criminality in Minas Gerais. *Revista Brasileira de Ciências Sociais, 13* (37), 159-172.

Beaulieu, M. & Messner, S. (2010). Assessing changes in the effect of divorce rates on homicide rates across large U.S. cities, 1960-2000: Revisiting the Chicago school. *Homicide Studies, 14* (1), 24-51.

Beauregard, E., Rebocho, M. & Rossmo, K. (2010). Target selection patterns in rape. *Journal in Investigative Psychology and Offender Profiling, 7,* 137-152.

Bell, R. & Chapman, M. (1986). Child effects in studies using experimental or brief longitudinal approaches to socialization. *Developmental Psychology, 22* (5), 595-603.

Besnard, P. (1993). Anomie and fatalism in Durkheim's theory. In S. Turner (Ed.). *Emile Durkheim: Sociologist and moralist* (pp. 169-192). London, Routledge.

Bjerregaard, B. (2010). Drug membership and drug involvement. Untangling the complex relationship. *Crime & Delinquency, 56* (1), 3-34.

Born, M. (2005). *Psicologia da delinquência* (M. R. P. Boléo, Trad.). Lisboa: Climepsi Editores. (Original publicado em 2003).

Boudon, R. & Bourricaud, F. (1989). *A critical dictionary of sociology* (P. Hamilton, Trad.). London: Routledge. (Original publicado em 1982).

Brantingham, P. & Brantingham, P. (1993). Environment, routine and situation: toward a pattern theory of crime. In R, Clarke & M. Feldson (Eds.). *Routine activity and rational choice* (pp. 259-294). New Jersey: Transaction Publishers.

Brochu, S. (2000). La violence et la drogue. *L'Intervenant, 16* (3), 4-7.

Brodeur, J.-P. (2003). *Les visages de la police. Pratiques et perceptions*. Montréal: Les Presses de L'Université de Montréal.

Brodeur, J.-P. (2005). Trotsky in Blue: Permanent Policing Reform. *The Australian and New Zealand Journal of Criminology, 38* (2), 254-267.

Burfeind, J. & Bartusch, D. (2011). *Juvenile delinquecy: an integrated approach* (2ª ed.). Subdury: Jones and Batlett Publishers.

Bursik Jr., R. & Grasmick, H. (1996). The use of contextual analysis in models of criminal behavior. In J. Hawkins (Ed.). *Delinquency and crime. Current theories* (pp. 236-267). New York: Cambridge University Press.

Capaldi, D., DeGarmo, D., Patterson, G. & Forgatch, M. (2002). Contextual risk across the early life span and association with antisocial behaviour. In J. Reid, G. Patterson & J. Snyder (Eds.). Antisocial behaviour in children and adolescents (pp. 123-145). Washington, American Psychological Association.

Carvalho, M. J. L. (2005). Jovens e delinquências. (Sobre)vivências na família. *Psicologia, 18* (2), 129-158.

Catalano, H. & Hawkins, J. (1996). The social development model. A theory of antisocial behavior. In J. Hawkins, *Delinquency and crime. Current theories* (pp. 149-197). New York: Cambridge University Prees.

Chappell, A. & Gibson, S. (2009). Community policing and homeland security policing, Friend or foe? *Criminal Justice Policy Review, 20* (3), 326-343.

Chriss, J. (2010). Social control revisited. In J. Chriss (Ed.). *Social control: informal, legal and medical* (pp. 1-16). Bingley: Emerald.

Clark, R. (1989). Theorethical background to crime prevention through environmental design (CPTED) and situational prevention. *Conference Crime Prevention Series. Designing out Crime*. 13-20.

Cohen, S. (1985). *Visions of social control*. Cambridge: Polity Press.

Cohen, L. & Feldson, M. (1979). Social change and crime rate trends: a routine activity approach. *American Sociological Review, 44*, 588-608.

Community Oriented Policing Services. (2009). *Community policing defined*. Washington, DC: US Department of Justice. Disponível em http://www.cops.usdoj.gov/files/RIC/Publications/e030917193-CP-Defined.pdf

Coughlin, B. & Venkatesh, S. (2003). The urban street gang after 1970. *Annual Review of Sociology, 29*, 41-64.

Crowe, T. (2000). Crime prevention through environmental design: applications of architectural design and space management concepts. Boston: Butterworth-Heinemann.

Cusson, M. (2005). *Criminologia* (J. Castro, Trad.). Cruz Quebrada: Casa das Letras/Editorial Notícias.

Davidson, R. (1981). *Crime and environment*. London: Croom Helm.

Decker, S. & Winkle, B. (1994). "Slinging dope": the role of gangs and gang members in drug sales. *Justice Quaterly, 11* (4), 583-604.

Decker, S. & Winkle, B. (1996). *Life in the gang: family, friends, and violence*. Cambridge: Cambridge University Press.

DeLisi, I., Barnes, J., Beaver, K. & Gibson, C. (2009).Delinquent gangs and adolescent victimization revisited. A propensity score matching approach. *Criminal Justice and Behavior, 36* (8), 808-823.

Dias, J. & Andrade, M. (1997). Criminologia. *O homem delinquente e a sociedade criminógena*. Coimbra: Coimbra Editora.

Direcção Geral de Administração Interna (2009). *Manual de diagnósticos locais de segurança. Uma compilação de normas e práticas internacionais* (M. Correia, Trad.). Lisboa: Ministério da Administração Interna. Disponível em http://www.dgai.mai.gov.pt/cms/files/conteudos/Manual%20Diagnosticos%20Locais%20de%20Seguranca.pdf

Douglas, J., Burgess, A. Burgess, A. & Ressler, R. (2006). *Crime classification manual* (2ª ed.). San Francisco: John Wiley & Sons.

DSM-5 (2014). *Manual Diafnóstico e Estatístico de Transtornos Mentais*. American Psychiatric Association. Porto Alegre: Artmed.

Dubet, F. & Martuccelli, D. (1997). A socialização e a formação escolar. *Lua Nova, 40* (41), 241-266.

Duffy, M. (2004). Introduction: a global overview of the issues of and responses to teen gangs. In M. Duffy & S. Gillig (Eds.). *Teen gangs. A global view* (pp. 1-12). Westport: Greenwood Press.

Durkheim, E. (1976). The normal and the pathology. In A. L. Guenther (Ed.). *Criminal behavior and social systems.. Contributions of american sociology* (pp. 49-56). Chicago: Rand McNally College Publishing Company.

Elliott, D., Ageton, S. & Canter, R. (2002). Integrated approaches: Social and behavioural considerations. In S. Corte (Ed.). *Criminologial theories. Bridging the past to the future* (pp. 324-334). London: SAGE.

Eysenck, H. J. & Eysenck; S. B. G. (1970). Crime and personality: an empirical study of the three factor theory. *British Journal of Criminology*, 10, 225-239.

Fagan, J. & Wilkinson, D. (1998). Social contexts and functions of adolescent violence. In D. Elliott, B. Hamburg & K. Williams (Eds.). *Violence in American schools* (pp. 55-93). Cambridge: Cambridge University Press.

Farrington, D. & West, D. (1993). Criminal, penal and life histories of chronic offenders: risk and protective factors, and early identification. *Criminal Behavior and Mental Health, 3*, 492-523.

Fernandes, L. (1997a). *Actores e territórios psicotrópicos: etnografia das drogas numa periferia urbana*. Dissertação de doutoramento, Faculdade de Psicologia e Ciências da Educação, Universidade do Porto.

———. (1997b). Os lugares onde a cidade se interrompe. In C.Agra; C. Queirós; C. Manita & L. Fernandes, *Biopsicossociologia do comportamento desviante* (pp. 81-100). Lisboa: Minigráfica.

Fischer, R. & Green, G. (2004). *Introduction to security* (7ª ed.). Amsterdam: Butterworth-Heinemann.

Fonseca, C. & Simões, A. (2002). A teoria geral do crime de Gottfredson e Hirschi: o papel do autocontrolo, da família e das oportunidades. In A. Fonseca (Ed.), *Comportamento anti-social e família. Uma abordagem científica* (pp. 245-267). Coimbra: Livraria Almedina.

Ford, J. (2005). Substance use, the social bond, and delinquency. *Sociological Inquiry, 75* (1), 109-128.

García-Pablos, A. (1988). *Manual de criminología. Introducción y teorías de la criminalidad*. Madrid: Espasa-Calpe.

Giddens, A. (2009). *Sociologia* (7ª ed.; A. Figueiredo, A. Baltazar, C. Silva, P. Matos & V. Gil, Trad.). Lisboa: Fundação Calouste Gulbenkian. (Original publicado em 2001).

Glick, L. & Miller, M. (2008). *Criminology* (2ª ed.). London: Pearson.

Glueck, S. & Glueck, E. (1964). *Ventures in criminology*. London: Tavistock Publications.

Goldstein, P. (1985). The drugs-violence nexus: a tripartite conceptual framework. *Journal of Drug Issues*, 15 (4), 493-506.

Goldstein, H. (2003). *Policiando uma sociedade livre* (M. Marques, Trad.). São Paulo: EDUSP. (Original publicado em 1931).

Gonçalves, R. (2008). *Delinquência, crime e adaptação à prisão*. Coimbra: Quarteto Editora.

Gottfredson, M. & Hirschi, T. (1990). *A general theory of crime*. Chicago: Stanford University Press.

Guenther, A. (1976). *Criminal behavior and social systems. Contributions of american sociology* (2ª ed.). Chicago: Rand McNally College Publishing Company.

Hancock, L. (2006). Urban regeneration, young people, crime and criminalisation. In B. Goldson & J. Muncie (Eds.). *Youth, crime and justice: Critical issues* (pp. 172-186). London: SAGE.

Hawley, A. (1973). Ecology and human ecology. In J, Wittman (Ed.). *Selected articles in social ecology* (pp. 6-14). New York: MSS.

Hirschi, T. (1971). *Causes of delinquency*. Berkeley: University of Califórnia Press.

——. & Stark, R. (1969). Hellfire and delinquency. *Social Problems*, 17 (2), 202-213.

Hollin, C. (2007). Criminal psychology. In M. Maguire; R, Morgan & R. Reiner (Eds.). *The Oxford handbook of criminology* (4ª ed.; pp. 43-77). Oxford: Oxford University Press.

Hutson, H., Anglin, D., Kyriaucou, D., Hart. J. & Spears, K. (1995). The epidemic of gang-related homicides in Los Angeles County from 1979 through 1994. *The Journal of the American Medical Association*, 306 (11), 1169-1277.

Innes, M. (2003). *Understanding social control. Deviance, crime and social order*. Maidenhead: Open University Press.

Jaquier, V. (2008). Policing and sentencing domestic violence: methodology of an exploratory study and main findings. *Revue Internationale de Criminology et de Police Technique et Scientifique*, 61, 403-428.

Kinnear, L. (2009). *Gangs: a reference handbook* (2ª ed.). California: ABC-CLIO.

Klein, M. (2004). *Gang cop: the words and ways of Paco Domingo*. Walnut Creek: AltaMira Press.

Klein, M. & Maxson, C. (2006). *Street gang patterns and policies*. New York: Oxford University Press.

Klein, M., Weerman, F. & Thornberry, T. (2006). Street gang violence in Europe. *European Journal of Criminology*, 3 (4), 413-437.

Kohlberg, L., Ricks, D. & Snarey, J. (1984). Child development as a predictor of adaptation in adulthood. *Genetis Psychology Monographs*, 110 (1), 91-172.

Lab, S. (2010). *Crime prevention: approaches, practices and evaluations* (7ª ed.). New York: LexisNexis/Anderson.

Lacourse, E., Nagin, D., Vitaro, F., Côté, S., Arseneault, L. & Tremblay, R. (2006). Prediction of early onset deviant peer group affiliation. A 12-year longitudinal study. *Archives of General Psychiatry*, 63, 562-568.

Lahey, B. & Waldman, I. (2004). Predisposição para problemas do comportamento na infância e na adolescência: análise de um modelo desenvolvimentista. In A. Fonseca (Ed.). *Comportamento anti-social e crime: da infância à idade adulta* (pp. 161-214). Coimbra: Almedina.

——. (2005). A developmental model of the propensity to offending. In D. Farrington (Ed.). *Integrated developmental & life-course theories of offending* (pp. 15-50). New Jersey: Transaction Publishers.

Lanier, M., Pack, R. & Akers, T. (2010). Epidemiological criminology: drug use among African American gang members. *Journal of Correctional Health Care, 16* (1), 6-16.

Lattimore, P., Linster, L. & MacDonald, J. (1997). Risk of death among serious young offenders. *Journal of Research in Crime and Delinquency, 34* (2), 187-209.

Lien, I.-L. (2005). Criminal gangs and their connections: metaphors, definitions and structures. In S. Decker & F. Weerman (Eds.). *European street gangs and troublesome youth groups* (pp. 31-51). Oxford: Altamira Press.

──. (1990). Development and risk factors of juvenile antisocial behaviour and delinquency. *Clinical Psychology Review, 10*, 1-41.

Loeber, R. (1996). Developmental continuity, change, and pathways in male juvenile problem behaviours and delinquency. In J. Hawkins (Ed.). *Delinquency and crime. Current theories* (pp. 1-28). New York: Cambridge University Press.

Loeber, R. & Farrington, D. (1997). Strategiesand yields of longitudinal studies on antisocial behavior. In D. Stoff; J. Breiling & J. Maser (Eds.). *Handbook of antisocial behavior* (pp. 125-139). New York: John Wiley.

──. (1998). Serious and violent juvenile offenders: risk factors and successful interventions. London: SAGE Publications.

Loeber *et al.* (1993). Developmental pathways in disruptive child behaviour. *Development and Psychopathology, 5*, 103-133.

Longshore, D., Chang, E., Hsieh, S.-C. & Messina, N. (2004). Self-Control and social bonds: a combined control perspective on deviance. *Crime and Delinquency, 50* (4), 542-564.

Lynam, D., Moffitt, T. & Stouthamer-Loeber, M. (1993). Explaining the relation between IQ and delinquency: class, race, test motivation, school failure, or self-control?. *Journal of Abnormal Psychology, 102*, 187-196.

Machado, C. (2004). *Crime e insegurança. Discursos do medo imagens do outro.* Lisboa: Editorial Notícias.

Marchiori, H. (2008). La trata de personas y la grave vulnerabilidad de las víctimas. *Série Victimología, 4*, 141-160.

Marzluff, J. *et al.* (2008). *Urban ecology. An international perspective on the interaction between humans and nature.* New York: Springer.

Marsden, W. & Sher, J. (2007). *Angels of death. Inside the bikers' global crime empire.* London: Hodder & Stoughton.

McCrystal, P., Percy, A. & Higgins, K. (2007). Exclusion and marginalisation in adolescence: the experience of school exclusion on drug use and antisocial behaviour. *Journal of Youth Studies, 10* (1), 35-54.

McGloin, J., Pratt, T. & Maahs, J. (2004). Rethinking the IQ-delinquency relationship : a longitudinal analysis of multiple theoretical models. *Justice Quarterly, 21* (3), 603-635.

McShane, M. (2003). Miller, Walter B. (1920). In M. McShane & F. Williams (Eds.). *Encyclopedia of juvenile justice* (pp. 257-258). London : SAGE.

Meireles, M. (2004). *Anomia* (2ª ed.). São Paulo: Casa do Psicólogo.

Mentel, Z. (2008). Policing in a democratic society. Community Policing Dispatch, 1 (5).Disponível em http://www.cops.usdoj.gov/html/dispatch/may_2008/policing_Ds.htm

Miller, L, Hess, K. & Orthmann, C. (2011). *Community policing: Partnerships for problem solving.* New York: Delmar Cengage Learning.

Moffitt, T. (1990). Juvenile delinquency and attention-deficit disorder : developmental trajectories from age 3 to 15. *Child Development*, *61*, 893-910.

Moffitt, T. (1993). Adolescence-limited and life-course-persistent antisocial behavior : a developmental taxonomy. *Psychological Review*, *100* (4), 674-701.

Moore, M. (2003). Policiamento comunitário e policiamento para a resolução de problemas. In Ghirotti, J. (2003). *Policiamento moderno* (J. Ghirotti, trad.; pp. 115-176). São Paulo: EDUSP. (Original publicado em 1992).

Morris, T. (2002). *The criminal area*. London: Routledge.

Moyer, I. (2001). *Criminological theories: Traditional and non-traditional voices and themes*. London: SAGE Publications.

Musick, D. (1995). *An introduction to the sociology of juvenile delinquency*. New York: SUNY Press.

Newman, O. (1996). *Creating defensible space*. U.S. Department of Housing and Human Development. Office of Police Development and Research. Disponível em http://books.google.pt/books?id=80w0GEh4ffEC&printsec=frontcover&dq=defensible+space&hl=ptPT&ei=1dFgTpC7As6r8AOYrcDTDw&sa=X&oi=book_result&ct=result&resnum=2&ved=0CC8Q6AEwAQ#v=onepage&q&f=false

Nunes, L. (2010a). *Crime e comportamentos criminosos*. Porto: Edições Universidade Fernando Pessoa.

——. (2010b). Análise biográfica, do estilo de vinculação e da personalidade em indivíduos com história de abuso de substâncias e condutas delinquentes. Dissertação de doutoramento, Faculdade de Ciências Humanas e Sociais, Universidade Fernando Pessoa. Porto.

——. (2011). *Droga-Crime: (des)construções*. Porto: Edições Universidade Fernando Pessoa.

——, Caridade, S. & Sani, A. (2013). Diagnóstico do meio escolar- avaliar para intervir. In A. Sani & S. Caridade (eds.). *Violência, agressão e vitimação. Práticas para a intervenção* (pp. 305-316). Coimbra: Almedina.

O'Connor, C. (2010). Empowered communities or self-governing citizens? (Re)Examining social control within the move toward community. In J. Chriss (Ed.). *Social control: informal, legal and medical* (pp. 129-148). Bingley: Emerald.

O'Malley, P. (2006). Criminology and risk. In G. Mythen & S. Walklate (Eds.). *Beyond the risk society. Critical reflections on risk and human security* (pp. 43-59). Maidenhead: Open University Press.

Orrù, M. (1991). Merton's instrumental theory of anomie. In J. Clark, C. Modgil & S. Modgil (Eds.). *Robert K. Merton. Consensus and controversy* (pp. 231-242). London: Falmer Press.

Otero, J. M. (1994). *Droga y delincuencia. Concepto, medida y estado actual de conocimiento*. Madrid: Eudema.

Papachristos, A. (2009). Murder by structure: dominance relations and the social structure of gang homicide. *American Journal of Sociology*, *115* (1), 74-128.

Patterson, G. & Yoerger, K. (2002a). A developmental model for early-and-late-onset delinquency. In Reid, J. B.; Patterson, G. R. & Snyder, J., *Antisocial behavior in children and adolescents* (pp. 147-172). Washington: American Psychological Association.

——. (2002b). Um modelo desenvolvimental da delinquência de início tardio. In A. Fonseca (Ed.). *Comportamento anti-social e família. Uma abordagem científica* (pp. 91-155). Coimbra: Almedina.

Patterson, G., Capaldi, D. & Bank, L. (1991). An early starter model for predicting delinquency. In D. Pepler & K. Rubin (Eds.). *The development and treatment of childhood aggression* (pp. 139-168). New Jersey: Lawrence Erlbaum.

―――, DeBaryshe, B. & Ramsey, E. (1989). A developmental perspective on antisocial behavior. *American Psychologist*, 44, 329-335.

Peek-Asa, C. & Zwerling, C. (2003). Role of Environmental Interventions in Injury Control and Prevention. *Epidemiological Reviews*, 25, 77-89.

Rebocho, M. (2009). *The hunter and the hunted: a comparative study of the hunting behavior of rapists and child molesters*. Dissertação de doutoramento, Instituto da Educação e Psicologia, Universidade do Minho.

Reines, R (2007). Political economy, crime, and criminal justice. In M. Maguire, R. Morgan & R. Reines (Eds.). *The Oxford handbook of criminology* (4ª ed.; pp. 341-380). New York: Oxford University Press.

Richman, N., Stevenson, J. & Graham, P. (1982). *Pre-school to school: a behavioural study*. New York: Academic Press.

Robertson, A., Xu, X. & Stripling, A. (2010). Adverse events and substance use among female adolescent offenders: effects of coping and family support. *Subtance Use & Misuse*, 45 (3), 451-472.

Robins, L. N. (1978). Study childhood predictors of adult behavior. Replications from longitudinal studies. *Psychological Medicine*, 8, 611-622.

Rolim, M. (2009). Uma introdução aos novos paradigmas em segurança pública. *Revista Preleção – Publicação Institucional da Polícia Militar do Estado do Espírito Santo*, 6, 43-59.

Romi, S. & Marom, D. (2007). Differences in intelligence between nondelinquent and dropout delinquent adolescents. *Adolescence*, 42 (166), 325-336.

Sampson, R. & Laub, J. (1993). *Crime in the making. Pathways and turning points through life*. Cambridge: Harvard University Press.

Sani, A. & Matos. M. (1998). Crime: uma questão de oportunidade. *Infância e Juventude*, 3, 77-116.

――― & Nunes, L. (2013). Questionário de diagnóstico local de segurança: Estudo numa comunidade urbana. *Análise Psicológica*, 2(31), 185-195.

Setton, M. (2002). Família, escola e mídia: um campo com novas configurações. *Educação e Pesquisa, 28* (1), 107-116.

Siegel, L. (2009). *Criminology* (10ª ed.). Belmont: Thomson.

――― & Welsh, B. (2009). *Juvenile delinquency: theory, practice, and law*. Belmont: Cengage Learning.

Skogan, W.& Frydle, K. (2004). *Fairness and effectivness in policing: the evidence*. Washington, DC: National Academies Press.

Skolnick, J. & Bayley, D. (2006). *Policiamento comunitário* (A. Pinheiro, Trad.). São Paulo: EDUSP. (Original publicado em 1988).

Smith, A. & Varese, F. (2001). Payment, protection and punishment. The role of information and reputation in the mafia. *Rationality and Society*, 13 (3), 349-393.

Spergel, I. (1990). Youth gangs: continuity and changes. *Crime and Justice*, 12, 171-275.

Stark, R. (1987). Deviant places: a theory of the ecology of crime. *Criminology*, 25 (4), 893-908.

Stephenson, G. (1999). *The psychology of criminal justice*. Oxford: Blackweel Publishers.

Teplin, L., Abram, K., McClelland, G., Dulcan, M. & Mericle, A. (2002). Psychiatric disorders in youth in juvenile detention. *Archives of General Psychiatry, 59* (12), 1133-1143.

Tieghi, O. (1978). *La conduta criminal: aprendizage, prevención y tratamiento*. Buenos Aires: Editorial Ábaco de Rodolfo Depalma.

——. (2011). *Apostes para una política criminal social e preventiva*. Archivos de Criminología, Criminalística y Seguridad Privada, 3. Buenos Aires.

Thomas, A., Chess, S. & Korn, S. (1982). The reality of difficult temperament. *Journal of Developmental Psychology, 28* (1), 1-20.

Thornberry, T., Krohn, M., Lizotte, A. & Chard-Wierschem, D. (1993). The role of juvenile gangs in facilitating delinquent behavior. *Journal of Research in Crime and Delinquency, 30* (1), 55-87.

Tibbetts, S. & Hemmens, C. (2010). *Criminological theory. A text / reader*. London: SAGE.

Tremblay, R., Pihl, R., Vitaro, F. & Dobkin, P. (1994). Predicting early onset of male antisocial behavior from preschool behavior. *Archives of General Psychiatry, 51*, 732-739.

Vold, G. (1941). Crime in city and country areas. *American Academy of Political and Social Science, 217*, 38-45.

Wasserman, G. et al. (2004). Factores de risco e factores de protecção da delinquência infantil. *Infância e Juventude, 3*, 65-86.

Watkins, D. & Ashby, R. (2007). *Gang investigations. A street cop's guide*. Sudbury: Jones and Bartlett Publishers.

White, R. & Cunneen, C. (2008). Social class, youth crime and justice. In B. Golbson & J. Muncie (Eds.). *Youth crime and justice* (pp. 17-29). London: SAGE.

Xiberras, M. (1996). *As teorias da exclusão. Para uma construção do imaginário do desvio* (J. G. Rego Trad.). Lisboa: Instituto Piaget. (Original publicado em 1993).